Peter-Michael Sack • Rainer Thomasius (Hrsg.)

Evaluation einer Therapievorbereitungsstation
für drogenabhängige und -missbrauchende Gefangene

Studien und Materialien
zum Straf- und Massregelvollzug

herausgegeben von
Friedrich Lösel, Frank Neubacher, Willi Pecher,
Gerhard Rehn und Michael Walter

Band 25

Peter-Michael Sack • Rainer Thomasius (Hrsg.)

Evaluation einer Therapievorbereitungsstation für drogenabhängige und -missbrauchende Gefangene

Centaurus Verlag & Media UG

Herausgeber

Dr. phil. Dipl.-Psych. Peter-Michael Sack
Universitätsklinikum Hamburg-Eppendorf
Zentrum für Psychosoziale Medizin
Deutsches Zentrum für Suchtfragen
des Kindes- und Jugendalters (DZSKJ)
Martinistraße 52
20246 Hamburg
E-Mail: psack@uke.de

Professor Dr. med. Rainer Thomasius
Universitätsklinikum Hamburg-Eppendorf
Zentrum für Psychosoziale Medizin
Deutsches Zentrum für Suchtfragen
des Kindes- und Jugendalters (DZSKJ)
Martinistraße 52
20246 Hamburg
E-Mail: thomasius@uke.de

Bibliografische Informationen der Deutschen Nationalbibliothek
Die Deutsche Nationalbibliothek verzeichnet diese Publikation in der Deutschen Nationalbibliografie; detaillierte bibliografische Daten sind im Internet über http://dnb.ddb.de abrufbar.

ISBN 978-3-86226-122-2   ISBN 978-3-86226-930-3 (eBook)
DOI 10.1007/978-3-86226-930-3
ISSN 0944-887X

Alle Rechte, insbesondere das Recht der Vervielfältigung und Verbreitung sowie der Übersetzung, bleiben dem Verlag vorbehalten. Kein Teil des Werkes darf in irgendeiner Form (durch Fotokopie, Mikrofilm oder ein anderes Verfahren) ohne schriftliche Genehmigung des Verlages reproduziert oder unter Verwendung elektronischer Systeme verarbeitet, vervielfältigt oder verbreitet werden.

© CENTAURUS Verlag & Media KG 2012
www.centaurus-verlag.de

Umschlaggestaltung: Jasmin Morgenthaler
Satz: Brigitte Cruset

Hinweis

Die Evaluationsstudie wurde unter dem Titel „Evaluation einer Therapievorbereitungsstation für drogenabhängige und -missbrauchende Gefangene im hamburgischen Strafvollzug" im Auftrag und mit Unterstützung aus Mitteln der Freien und Hansestadt Hamburg, Behörde für Justiz und Gleichstellung, im Zeitraum April 2008 bis März 2011 durchgeführt. Die Verantwortung für die im Bericht getroffenen Angaben und Aussagen liegt bei den Herausgebern.

Die Durchführung der Evaluation fand in Kooperation mit den Hamburger Justizvollzugsanstalten Fuhlsbüttel und Billwerder statt. Die Auswertung der Daten sowie die Berichtlegung oblag den Autorinnen und Autoren der vorliegenden Publikation Herrn Dr. phil. Dipl.-Psych. Peter-Michael Sack, Frau Dipl.-Psych. Sally Sophie Kindermann, Frau Dr. phil. Dipl.-Psych. Christiane Baldus, Frau Dr. phil. Dipl.-Psych. Lena Stadler, Frau Dr. rer. nat. Dipl.-Psych. Marit Feldmann und Herrn Professor Dr. med. Rainer Thomasius unter Mitarbeit von Frau Dipl.-Psych. Svenja Gosler, Frau Dipl.-Psych. Janine Ziegelmüller, Frau Dipl.-Psych. Ingeborg Rosch und Frau Dipl.-Psych. Jördis Zill.

Vorwort

Vorwort

Straftäter weisen im Vergleich zur Allgemeinbevölkerung hohe Prävalenzraten des Drogenkonsums auf und umgekehrt ist ein problematischer Drogenkonsum häufig die Ursache für Straftaten. Konservativen Schätzungen zufolge sind etwa ein Fünftel der Strafgefangenen in Deutschland ehemalige oder aktuelle Drogenkonsumenten. Bisher gibt es nur vereinzelt auf diese Zielgruppe zugeschnittene Interventionen und Behandlungsprogramme. Entsprechende Wirksamkeitsnachweise fehlen fast vollständig.

Im Fokus der vorliegenden Untersuchung steht die Erprobung einer Therapievorbereitungsstation (TVS), die erstmals im hamburgischen Strafvollzug evaluiert wurde. Die Intervention umfasst ein suchtspezifisches „Fertigkeitentraining" im Sinne der „Dialektisch-Behavioralen Therapie" (DBT) nach Linehan, ein Training zur Rückfallprävention, Gesprächsgruppen sowie eine therapeutische Laufgruppe und ein Akupunkturangebot. Die Ergebnisse der Evaluation sprechen für die Machbarkeit und Effektivität einer Therapievorbereitungsstation nach dem Konzept der TVS-Fühlsbüttel bzw. TVS-Billwerder.

Erste Gespräche und Planungen für die vorliegende Studie reichen bis in das Jahr 2005 zurück. Erfreulicherweise können wir nun der interessierten Fachöffentlichkeit Resultate der Erprobung der TVS vorlegen. Wir bedanken uns bei der Behörde für Justiz und Gleichstellung der Freien und Hansestadt Hamburg für die Vergabe des Auftrags. Die Zusammenarbeit mit den Hamburger Justizvollzugsanstalten Fühlsbüttel und Billwerder war stets kooperativ und durch einen fruchtbaren Kenntnis- und Erfahrungsaustausch gekennzeichnet. Insbesondere danken wir dem Initiator des Projektes Herrn Dipl. Psych. Andreas Thiel, Behörde für Justiz und Gleichstellung der Freien und Hansestadt Hamburg (Strafvollzugsamt, Abteilung Aufsicht).

Weiterhin gebührt unser Dank den Verantwortlichen und Mitarbeitern der Justizvollzugsanstalt Fuhlsbüttel, namentlich den Anstaltsleitern Herrn Andreas Gross und Frau Sabine Schnabel, den Hausleitern Herrn Jürgen Beuck und Frau Sabine Semmler-Welsch, dem Behandlungsleiter der TVS Herrn Martin Wams sowie Frau Sandra Placzko (Vollzugsabteilungsleiterin), Herrn Andreas Gebauer (Wohngruppenbeamter) und allen anderen beteiligten Bediensteten im Strafvollzug. Von der Justizvollzugsanstalt Billwerder danken wir namentlich dem Anstaltsleiter Herrn Ullrich Quietzsch, dem Leiter der TVS Herrn Detlev Rieks, der Vollzugspsychologin Sonja Hansen sowie auch hier allen weiteren beteiligten Strafvollzugbediensteten. Wir danken ferner Frau Nisha Bielefeld und Herrn Hermann Hellmann von M.A.E.X./M.A.T. (Träger Therapiehilfe e.V.), welche die Rückfallprophylaxe-Trainings durchführten. Die Durchführung der SKID-Interviews verdanken wir den Psychologischen Psychotherapeuten Herrn Roland Thiel und Frau Alejandra Miranda Eggers sowie der engagierten Mitarbeit durch Frau Johanna Gehrke.

Unser Dank gilt vor allem auch den Autorinnen und Autoren dieses Studienbandes, die für die Datenauswertung und Berichtlegung zuständig waren. Besonders danken wir Frau Brigitte Cruset für die Bearbeitung des Manuskripts.

Last not least bedanken wir uns bei den Studienteilnehmern, die sich um ein drogenfreies und gesetzestreues Leben bemühen, was durch Einrichtungen wie die TVS hoffentlich wirksam gestärkt wird.

Hamburg, im November 2011
Peter-Michael Sack
Rainer Thomasius

Inhaltsverzeichnis

		Seite
Hinweis		V
Vorwort		VII
Abkürzungsverzeichnis		XIII
Zusammenfassung		XV

1	Einleitung und Thema	1
1.1	Drogenkonsum und Kriminalität: Epidemiologische Befunde	1
1.2	Drogenkonsum in Justizvollzugsanstalten	3
1.3	Suchtbezogene Interventionsansätze im deutschen Strafvollzug	6
1.4	Wissenschaftsbasierter Hintergrund des Konzeptes der „Therapievorbereitenden Station" (TVS)	7
1.5	Zusammenfassung	10

2	Ziele der Studie	11
2.1	Erarbeitung des Interventionskonzeptes	11
2.1.1	Umsetzung des Konzeptes „Therapievorbereitende Station" (TVS) im Hamburger Strafvollzug	11
2.2	Ziele und Konzeption der Studie	12
2.2.1	Primär- und Sekundärfragestellungen	13
2.3	Summative und formative Anteile der Evaluation	14
2.4	Auftraggeber und Durchführende	15
2.5	Zusammenfassung	16

3	Material und Methoden	17
3.1	Forschungsdesign	17
3.2	Ablauf der Datenerhebung	17
3.3	Zielgruppe und Einschlusskriterien für die TVS	18
3.4	Zugangsgruppe und freie Gesprächsgruppe	19
3.5	Kernelemente des Behandlungskonzeptes	19
3.5.1	Das Fertigkeitentraining nach Marsha Linehan	20
3.5.2	Das Rückfallprophylaxe-Training	22
3.6	Das Urinkontrollprogramm	24
3.7	Weitere Angebote der TVS	24
3.8	Eingesetzte Methoden und Instrumente	27
3.8.1	Instrumente der Expertendiagnostik	27
3.8.1.1	Strukturiertes Klinisches Interview (SKID-I und SKID-II)	27
3.8.1.2	Drogenanamnese	28
3.8.2	Fragebögen und Selbstberichte	29
3.8.2.1	Fragen zu bisherigen Therapieversuchen	29

Inhaltsverzeichnis

Seite

3.8.2.2	Soziodemografische Daten	29
3.8.2.3	Fragebogen zur Psychotherapiemotivation (FPTM-23)	29
3.8.2.4	Heidelberger Skalen zur Abstinenzzuversicht (HEISA-16)	30
3.8.2.5	Symptom-Checklist-90-R (SCL-90-R; Skala „Somatisierung") und Symptom-Checklist-Kurzversion-9 (SCL-K-9)	30
3.8.2.6	Skala zum Erleben von Emotionen (SEE)	31
3.8.2.7	Stationserfahrungsbogen (SEB)	32
3.8.2.8	Erreichung der Therapieziele – Selbsteinschätzung	32
3.8.2.9	Erreichung der Therapieziele – Fremdeinschätzung	33
3.8.2.10	Fragen zur Akupunkturbehandlung	33
3.8.2.11	Der Stundenbeurteilungsbogen (SB)	33
3.9	Statistische Auswertungen	34
3.9.1	Verwendete Datenanalyseverfahren	34
3.9.2	Klinische Signifikanz und Reliable-Change-Indizes	35
4	Ergebnisse der summativen Evaluation	37
4.1	Rekrutierung der Stichprobe	37
4.2	Soziodemografische Merkmale der Stichprobe zum Zeitpunkt t_1	38
4.3	„Drop-outs", Haltequote und katamnestische Erreichbarkeit	45
4.4	Vermittlung in weiterführende Behandlungsmaßnahmen	46
4.4.1	Aufsuchen einer Anschlussbehandlung zu t_3	46
4.4.2	Teilnahme und Haltequoten in den Anschlussbehandlungen zu t_4	48
4.5	Standardisierte Diagnostik von Substanzkonsum und Psychopathologie	52
4.5.1	Art des Substanzkonsums	52
4.5.2	Ergebnisse des Strukturierten Klinischen Interviews (SKID-I und SKID-II)	53
4.5.2.1	Suchtdiagnosen	53
4.5.2.2	Persönlichkeitsstörungen	54
4.5.2.3	Weitere psychisch komorbide Diagnosen	55
4.6	Psychotherapiemotivation	56
4.6.1	Deskriptiver Outcome-Vergleich	56
4.6.2	Zufallskritischer Vergleich	58
4.7	Abstinenzzuversicht	58
4.7.1	Deskriptive Outcome-Vergleiche	58
4.7.2	Zufallskritischer Vergleich	62
4.8	Psychische und physische Symptombelastung	63
4.8.1	Deskriptive Outcome-Vergleiche	63
4.8.2	Zufallskritischer Vergleich	66
4.9	Emotionsregulation	67
4.9.1	Deskriptive Outcome-Vergleiche	67
4.9.2	Zufallskritischer Vergleich	77
4.10	Beurteilung des Akupunkturangebotes	78
4.11	Bewertung der Stationsatmosphäre	78
4.12	Erreichen der Therapieziele	80
4.12.1	Stundenbeurteilung der Zugangsgruppe und der Gesprächsgruppe	80

Seite

4.13	Stundenevaluation	81
4.14	Outcome auf individueller Ebene	86
4.14.1	Individueller Outcome je verwendeter Fragebogenskala	86
4.14.2	Individueller Outcome nach Zielpersistenz	89
4.14.3	Individueller Outcome über alle Fragebogenskalen aggregiert	90
4.14.4	Individueller Outcome nach Behandlungsbereitschaft und Impulskontrolle	91
4.15	Zusammenfassung der Ergebnisse	92
5	Diskussion	96
5.1	Bewertung des primären Outcome-Kriteriums unter Berücksichtigung besonderer Merkmale der Gesamtstichprobe	97
5.2	Beantwortung der Studienfragen	99
5.3	Zur Psychotherapiemotivation	100
5.4	Zur Abstinenzzuversicht	101
5.5	Zur psychischen und physischen Symptombelastung	102
5.6	Zum Erleben von Emotionen	103
5.7	Zur erlebten Stationsatmosphäre	104
5.8	Zum Gesprächs- und Trainingsgruppenangebot	104
5.9	Vergleich der Ergebnisse auf Gruppen- und Individualebene	106
5.10	Zur Frage von Angaben im Sinne sozialer Erwünschtheit	107
5.11	Limitationen der Studie	108
5.12	Ausblick	110

Tabellenverzeichnis ... 113
Abbildungsverzeichnis ... 115
Literaturverzeichnis ... 117

Anhang A: Materialien zum Fertigkeitentraining ... 122
Anhang B: Beispiele für Flip-Charts aus den Sitzungen des Fertigkeitentrainings ... 130
Anhang C: Längsschnittanalyse über die Zeitpunkte t_1-t_2-t_3-t_4 ... 138

Zu den Herausgebern ... 154

Abkürzungsverzeichnis

α	*(griech.)* Alpha (Signifikanzniveau, theoretisch)
1-β	*(griech.)* 1-Beta (Power, theoretisch)
π	*(griech.)* Pi
ANCOVA	Analysis of covariance (Kovarianzanalyse)
AWMF	Arbeitsgemeinschaft der Wissenschaftlichen Medizinischen Fachgesellschaften e. V.
BtMG	Betäubungsmittelgesetz
BW	Billwerder (Hamburger Stadtteil)
cf.	*(lat.)* confer! (vergleiche!)
Cronbach's α	Cronbach's Alpha
DBT	Dialektisch-Behaviorale Therapie
df	*(engl.)* Degrees of freedom (Freiheitsgrade)
DIA-X	Diagnostisches Expertensystem für psychische Störungen (modulares und flexibles diagnostisches Beurteilungssystem nach ICD-10 und DSM-IV)
DSM-IV	Diagnostic and Statistical Manual of Mental Disorders (Diagnostisches und Statistisches Manual Psychischer Störungen), Version IV
DZSKJ	Deutsches Zentrum für Suchtfragen des Kindes- und Jugendalters
EBDD	Europäische Beobachtungsstelle für Drogen und Drogensucht
et al.	*(lat.)* et alii (und andere / und Kollegen)
eta^2	*(lat.)* Eta (Effektmaß)
F	F-Bruch (Verteilungsprüfgröße der Varianzanalyse)
FB	Fuhlsbüttel (Hamburger Stadtteil)
FH	Fachhochschule
FPTM-23	Fragebogen zur Psychotherapiemotivation, Version 23 Items
GSI	Global Severity Index (Psychische Symptombelastung)
HEISA-16	Heidelberger Skalen zur Abstinenzzuversicht, Version 16 Items
ICC	Intra-Class-Correlation
ICD-10	International Statistical Classification of Diseases and Related Health Problems (Internationale statistische Klassifikation der Krankheiten und verwandter Gesundheitsprobleme), Version 10
ITT	Intention-to-treat
JVA	Justizvollzugsanstalt
k. A.	keine Angabe(n)
M	Mittelwert
MAEX/M.A.T	Medikamentengestützte ambulante Therapie und Externe Drogenberatung (suchtmittelübergreifende Beratungsstelle mit Schwerpunkt psychosoziale Betreuung in Hamburg)
MD	Median
N	Gesamtstichprobengröße
n	Teilstichprobengröße
NADA	National Acupuncture Detoxification Association

Abkürzungsverzeichnis

OR	Odd's Ratio (Effektmaß für dichotome Daten)
p-Wert	Statistische Signifikanz (Signifikanzniveau, empirisch)
PEGPPOK	Psychoedukatives Gruppenprogramm bei problematischem Partydrogen- und Opiatkonsum
PKS	Polizeiliche Kriminalstatistik
PP	Per protocol
PS1	Psychiatriestation für Patienten mit Persönlichkeits- und Belastungsstörungen
R&R	Reasoning & Rehabilitation Programm©
RCI	Reliable-Change-Index
SB	Stundenbeurteilungsbogen
SCL-K-9	Symptom-Checklist-Kurzversion-9
SCL-90-R	Symptom-Checklist-90-R
SD	Standardabweichung
SEB	Stationserfahrungsbogen
SEE	Skala zum Erleben von Emotionen
SKID	Strukturiertes Klinisches Interview für DSM-IV
S.T.A.R.	Strukturiertes Trainingsprogramm zur Alkohol-Rückfallprävention
T	T-Normwert
TH	Technische Hochschule
TVS	Therapievorbereitungsstation / Therapievorbereitende Station
t_1-t_2-t_3-t_4	Messzeitpunkte: prä (TVS-Aufnahme, t_1), post (TVS-Entlassung, t_2), Katamnesen: drei Monate (t_3) und sechs Monate nach Entlassung (t_4)
UK	Urinkontrolle („Urin auf Drogen")
UKE	Universitätsklinikum Hamburg-Eppendorf
WG	Wohngemeinschaft

Zusammenfassung

Ziel: Studienziel ist die summative Evaluation einer neu implementierten Therapievorbereitungsstation (TVS) für drogenabhängige und -missbrauchende Gefangene im hamburgischen Strafvollzug.

Fragestellungen: Die primäre Fragestellung lautet: Ist bei den Probanden der TVS eine Steigerung der Bereitschaft zu beobachten, nach Haftverbüßung eine weiterführende Anschlussbehandlung ihrer Sucht aufzunehmen? Die sekundären Fragestellungen lauten: Ist bei den Probanden der TVS eine gestiegene Abstinenzzuversicht zu beobachten? Wird das TVS-Angebot, insbesondere das Fertigkeiten- und das Rückfallprophylaxe-Training, akzeptiert? Bessert sich die Impulskontrolle?

Methodik: Insgesamt nahmen 26 männliche Insassen aus zwei hamburgischen Justizvollzugsanstalten an der Untersuchung teil. Es handelt sich um eine Stage-1-Studie ohne Kontrollgruppe. In einem Prä-Post-Follow-up-Design wurden die Daten der Studienteilnehmer für die Auswertung zu Referenzdaten in Beziehung gesetzt. Vorzugsweise wurden standardisierte Instrumente eingesetzt; es wurden deskriptive und zufallskritische Vergleiche vorgenommen.

Ergebnisse zur Primärfragestellung: Die Haltequote im therapeutischen Setting der TVS war hoch und lag bei insgesamt 92,3 %. Katamnestisch wurden drei Monate nach Entlassung von der TVS (t_3) 80,8 % und sechs Monate nach Entlassung (t_4) 69,2 % der Insassen erreicht. Im Anschluss an die TVS-Maßnahme haben 33,3 % (zu t_3) bzw. 61,1 % (zu t_4) derjenigen Studienteilnehmer, die sich zu t_3 bzw. t_4 in Freiheit befanden, eine weiterführende Anschlussbehandlung begonnen; der Prozentsatz von 61,1 % ist als hoch anzusehen. Es haben 45,5 % derjenigen, die eine Anschlussbehandlung begannen, diese regulär beendet.

Ergebnisse zur Sekundärfragestellung: Die Abstinenzzuversicht für den Umgang mit rückfallkritischen Situationen nahm zu, ebenso die erlebte Kompetenz in der Emotions-/Stimmungsregulation und der Impulskontrolle; die beobachteten Effekte waren zumeist hoch. Alle Besserungen zeigten sich vorwiegend im Prä-Post-Vergleich noch auf der TVS, nach Entlassung von der TVS blieben sie im Wesentlichen stabil.

Diskussion: Die Ergebnisse sprechen für die Machbarkeit und Effektivität einer TVS nach dem Konzept der TVS Fuhlsbüttel bzw. TVS Billwerder für straffällige Männer mit einer Substanzabhängigkeit und einer komorbiden Persönlichkeitsstörung. Die Studie ist durch das Fehlen einer Kontrollgruppe limitiert.

1 Einleitung und Thema

S. S. Kindermann, L. Stadler, Ch. Baldus, R. Thomasius

1.1 Drogenkonsum und Kriminalität: Epidemiologische Befunde

Straftäter[1] weisen im Vergleich zur Allgemeinbevölkerung hohe Prävalenzraten des Drogenkonsums auf und umgekehrt ist ein problematischer Drogenkonsum häufig die Ursache für Straftaten (Egg, 2002). Der Zusammenhang zwischen Delinquenz und Drogenkonsum konnte in verschiedenen Untersuchungen bestätigt werden (Bühringer, 2003; Ahlf, Erhardt & Leineweber, 1993; Kreuzer, 2005).

Unterschieden werden können Straftaten unter dem Einfluss sogenannter „harter Drogen", die unter das Betäubungsmittelgesetz (BtMG) fallen, und Straftaten, die unter Alkoholeinfluss begangen werden. Drogendelikte stehen besonders häufig im Zusammenhang mit Beschaffungskriminalität zur Finanzierung der Sucht. Im Jahr 2009 sind 7,2 % aller aufgeklärten Straftaten in diesem Kontext begangen worden, was 244 198 Fällen entspricht. Alkoholeinfluss konnte im Jahr 2009 in 391 762 aller aufgeklärten Fälle festgestellt werden, was einem relativen Anteil von 11,6 % entspricht. Eine Übersicht zur prozentualen Tatbegehung von „Konsumenten harter Drogen" bzw. Alkoholeinfluss liefert Tabelle 1. Dabei gilt nicht als „Konsument harter Drogen", wer ausschließlich Cannabisprodukte oder Psilocybin (-Pilze) konsumiert (vgl. für Details Bundeskriminalamt, 2010, S. 13).

---

[1] Die vorwiegende Verwendung des männlichen Genus' im Gesamttext erfolgt lediglich aus Gründen zügiger Lesbarkeit. Da an der Evaluationsstudie ausschließlich männliche Personen teilnahmen, ist die alleinige Verwendung des männlichen Genus' in entsprechenden späteren Textteilen korrekt.

Einleitung und Thema

Tabelle 1
Tatverdächtige unter Alkoholeinfluss / mit Drogenkonsum bezogen auf aufgeklärte Straftaten gemäß Polizeilicher Kriminalstatistik (PKS) für das Jahr 2009

Aufgeklärte Straftaten für das Jahr 2009	Alkoholeinfluss (in %)	„Konsument harter Drogen" (in %)
Straftaten insgesamt	11,6	7,2
Straftaten gegen das Leben	27,4	5,9
Straftaten gegen sexuelle Selbstbestimmung	12,9	2,8
Rohheitsdelikte und Straftaten gegen persönliche Freiheit	25,9	3,5
Diebstahl ohne erschwerende Umstände	6,5	8,3
Diebstahl unter erschwerenden Umständen	7,4	17,2
Vermögens- und Fälschungsdelikte	1,5	4,5
Sonstige Straftatbestände StGB	20,4	3,8
Rauschgiftdelikte nach BtMG	6,0	34,0

Anmerkungen. StGB = Strafgesetzbuch, BtMG = Betäubungsmittelgesetz
(nach: Bundeskriminalamt, 2010, Tabellen T30 und T31, S. 70f.)

Der prozentuale Anteil der Konsumenten harter Drogen in den im Jahr 2009 aufgeklärten Rauschgiftdelikten liegt bei 34,1 % von insgesamt 224 386 Fällen. Allerdings ist zu vermuten, dass bei Diebstahls- und Raubdelikten eine Suchterkrankung der Täter häufig unerkannt bleibt. Die Daten aus dem Jahr 2009 belegen, dass in 25,5 % der Diebstahlsfälle „Konsumenten harter Drogen" die Täter waren, bei den Raubdelikten waren es 12,9 %. Besonders hoch ist die Anzahl alkoholisierter Täter bei Gewaltdelikten: 33,1 % der aufgeklärten Straftaten wurden unter Alkoholeinfluss begangen. Dies ist vor allem bei den schweren und gefährlichen Körperverletzungsdelikten der Fall (Bundeskriminalamt, 2010). Insgesamt ergibt sich bei 18,8 % aller aufgeklärten Straftaten nachweislich ein Zusammenhang mit Alkohol und Drogen.

1.2 Drogenkonsum in Justizvollzugsanstalten

In Justizvollzugsanstalten findet man demzufolge häufig drogenabhängige und -missbrauchende Gefangene. Konservativen Schätzungen zufolge sind etwa ein Fünftel der Gefangenenpopulation in Deutschland ehemalige oder noch Drogengebrauchende (Stöver, 2002). Es gibt jedoch bisher keine wissenschaftlich fundierte Studie über das Ausmaß von Drogen- und Alkoholmissbrauch in Strafvollzugsanstalten. Der Grund hierfür ist, dass der Strafvollzug unter einem hohen Öffentlichkeitsdruck steht: Es wird erwartet, dass die Haftanstalten im Sinne des Resozialisierungsauftrages „drogenfrei" sind. Nach Stöver (2002) bleiben vorhandene Drogenproblematiken daher meist entweder unbeobachtet oder werden geleugnet, um nicht den Eindruck des Scheiterns am Sicherheitsauftrag zu erwecken.

Die Prävalenzraten für einen Missbrauch bzw. eine Abhängigkeit von Alkohol oder Drogen in angloamerikanischen Gefängnissen variieren zwischen 40 % und 60 % (Fazel, Bains & Doll, 2006). In Deutschland liegen vor allem Befunde der Kriminologischen Dienste der Länder Baden-Württemberg (Dolde, 1995) und Nordrhein-Westfalen (Wirth, 2002) vor, im Rahmen derer Befragungen der Insassen in Haftanstalten durch Anstaltsärzte durchgeführt wurden. Demnach sind beispielsweise in Baden-Württemberg bei einer Anzahl von 3 600 Zugängen – basierend auf dem Konsumverhalten vor Haftantritt – 30 % als drogengefährdet und damit behandlungsbedürftig einzuschätzen (Dolde, 1995). In Nordrhein-Westfalen trifft dies sogar auf knapp 50 % aller dortigen Haftzugänge zu, von denen ca. 33 % akute Abhängigkeitssymptome aufweisen (Tielking, Becker & Stöver, 2003; Wirth, 2002). Alleine in Hamburg sind nach der *Internationalen statistischen Klassifikation der Krankheiten und verwandter Gesundheitsprobleme* (ICD-10; Dilling, Mombour & Schmidt, 2000) die Kriterien für die Diagnose einer substanz-bezogenen Störung bei mindestens 60 % der weiblichen und 50 % der männlichen Insassen bei Haftantritt erfüllt (Fachkommission Resozialisierung, 2010). Eine weitere Statistik (Dreger, 2002) für das Jahr 2000 belegt, dass insgesamt 27,7 % der Inhaftierten bei einer Stichprobengröße von 18 030 in 37 Justizvollzugsanstalten in Nordrhein-Westfalen illegale Drogen konsumieren. Davon konnten knapp 40,4 % der Männer nach ihrer Haftentlassung in eine Therapie vermittelt werden. Dolde (2002) zufolge kann bei zwei Dritteln der behandlungsbedürftigen Insassen in Haftanstalten von einer gewissen Therapiemotivation ausgegangen werden.

Die Mehrheit der Drogenkonsumenten reduziert oder beendet der *Europäischen Beobachtungsstelle für Drogen und Drogensucht* (EBDD, 2002) zufolge den Drogenkonsum bei Haftantritt, vor allem wegen der Schwierigkeiten bei der Beschaffung der Substanzen, die Missbrauchs- bzw. Abhängigkeitserkrankungen bleiben jedoch in dieser Zeit bei ausbleibender therapeutischer Versorgung im Kern unbehandelt, sodass diese häufig auch noch nach dem Entlassungszeitpunkt bestehen (Brooke, Taylor, Gunn & Maden, 1998). Aufgrund einer womöglich über einen längeren Zeitraum bestehenden Abstinenz, gekoppelt mit Kontrollillusionen bezüglich eigener Drogenkompetenz, sinkt das Problembewusstsein der betroffenen Gefangenen und damit auch ihre Motivation, sich nach der Haftzeit in eine suchtspezifische Behandlung zu begeben. Dies ist die Erklärung dafür, dass ein Großteil der Insassen mit einer Suchtproblematik nach der Entlassung aus der Haft wieder rückfällig wird und sich somit auch die Wahrscheinlichkeit für erneutes delinquentes Verhalten erhöht. So berichtet Kröner (2005) aus dem „Münchener Projekt zur Rückfallprognose" eine mittlere Rückfallrate von 38,1 % bei forensisch untersuchten Straftätern (ermittelt über Bundeszentralregisterauszüge über einen Zeitraum von 1994 bis 2003) und gibt diese im Allgemeinen zwischen 31 % und 39 % an. In der Diagnosegruppe F1 „Psychische und Verhaltensstörungen durch psychotrope Substanzen" nach ICD-10 wurden 46,2 % und in der Diagnosegruppe F6 „Persönlichkeits- und Verhaltensstörung" 57,1 % rückfällig (Kröner, 2005). In einem systematischen Review über 62 im Zeitraum von 1966 bis 2001 publizierten Studien aus 12 Ländern (Fazel & Danesh, 2002) berichten die Autoren über N = 18 530 männliche Gefangene (gewichtetes mittleres Alter 29 Jahre). Bei ihnen war zu 4 % eine Psychose diagnostiziert worden, bei 10 % eine Major Depression und bei 65 % eine F6-Persönlichkeitsstörung inklusive der 47 % mit einer dis-sozialen Persönlichkeitsstörung. Substanzstörungen wurden in der Studie allerdings nicht erfasst. Bei Frädrich und Pfäfflin (2000; nach Leygraf, 2006) war in Deutschland bei N = 90 Strafgefangenen zu 50 % (n = 45) eine Persönlichkeitsstörung diagnostiziert worden, bei diesen 45 wiederum bei 53 % zwei bis drei Persönlichkeitsstörungsdiagnosen zugleich. Eine dissoziale Persönlichkeitsstörung wiesen 37 % der Stichprobe auf, je 3 % eine narzisstische und/oder eine Borderline-Persönlichkeitsstörung. Der vorgefundenen Rate von 50 % Persönlichkeitsstörungen steht eine geschätzte Rate von etwa 10 % in der Allgemeinbevölkerung gegenüber (Frädrich & Pfäfflin, 2000).

Zwei Untersuchungen wurden über das *Diagnostische Expertensystem* (DIA-X) (Wittchen & Pfister, 1997) durchgeführt, welches zur Vergabe von Diagnosen nach DSM-IV dient (*Diagnostisches und Statistisches Manual Psychischer Störungen*, Version IV; Saß, Wittchen & Zaudig, 1998). Im Jahr 2002 ergaben sich bei N = 108 männlichen Untersuchungsgefangenen aus Berlin Lebenszeitprävalenzen von 43,0 % für eine Alkoholabhängigkeit und 24,3 % für (nicht näher spezifizierte) Drogenabhängigkeit. Folgende Diagnosen für psychisch komorbide Störungen wurden vergeben: affektive Störungen insgesamt 55,5 %, Angststörungen insgesamt 28,0 %, posttraumatische Belastungsstörungen 3,7 % (Utting, 2002; zitiert nach Schröder, 2005). Schröder (2005) ermittelte gleichfalls im Jahr 2002 und über das DIA-X bei N = 76 männlichen Strafgefangenen aus Nordrhein-Westfalen Lebenszeitprävalenzen von 46,1 % für eine Alkoholabhängigkeit und 17,1 % für eine Cannabis- sowie 31,6 % für eine Opiatabhängigkeit. Diagnosen für psychisch komorbide Störungen wurden wie folgt vergeben: affektive Störungen insgesamt 19,7 %, Angststörungen insgesamt 36,8 %, posttraumatische Belastungsstörungen 32,9 % sowie irgendeine Persönlichkeitsstörung bei 43,4 % (Schröder, 2005; von Schönfeld, Schneider, Schröder, Widmann, Botthof & Driessen, 2006).

Dies verdeutlicht insgesamt, dass neben der Suchtmittelabhängigkeit auch das Vorliegen einer psychisch komorbiden Störung auf Persönlichkeits- und/oder Verhaltensebene als Begründung für die genannten hohen Rückfallquoten unter den Straftätern anzusehen ist. Diesem Umstand muss folglich in einem abstinenzorientierten Behandlungsansatz Rechnung getragen werden. Darüber hinaus besteht eine Versorgungsnotwendigkeit von Gefangenen, die ihren Konsum auch in der Haft weiter fortsetzen, was in Deutschland und anderen europäischen Ländern kaum Berücksichtigung findet (Stöver, 2002). Bei der Hälfte aller Disziplinarverfahren in Justizvollzugsanstalten sind Alkohol und Drogen die Ursache und die Täter stehen bei gewalttätigen Übergriffen im Gefängnis häufig unter dem Einfluss von Alkohol oder Drogen (Preusker, 2002).

Substanzabhängige Straffällige sind aufgrund ihrer vielschichtigen Probleme ein komplexes und oftmals schwer zu behandelndes Klientel, das sowohl die Strafjustiz als auch die Therapeutinnen und Therapeuten sowie Sozialarbeiterinnen und Sozialarbeiter vor schwierige Herausforderungen stellt (Schalast, 2006). Treffend wurden sie von Berger, Scheurer, Honecker, Andritsch und Six (1999, S. 502) als „Prototyp des ‚schwierigen Patienten'" bezeichnet. Die Klientel wird in der Literatur übereinstimmend als mit geringer Behandlungs- und Veränderungsmotivation, niedriger Frustrationstoleranz, Impulsivität, und Bindungsproblemen gekennzeichnet beschrieben. Darüber hinaus bestehen kognitive Defizite, insbesondere im Bereich Problemlösen, sozialer Wahrnehmung sowie die eingeschränkte Interpretationsfähigkeit von sozialen Situationen, was zu mangelhaften sozialen Kompetenzen, erhöhter Reiz- und Aggressionsbereitschaft und einer geringen sozialen Anpassungsfähigkeit führe. Zudem handelt es sich bei der Gruppe substanzkonsumierender Straftäter um eine sehr heterogene Gruppe mit unterschiedlichen Konsummustern, Einstiegsaltern in den Substanzkonsum, Deliktbereichen und komorbider Psychopathologie, was bei einer Behandlung berücksichtigt werden muss. Häufig geht man von einer komplexen Problemlage für die Behandelnden aus, weil neben den genannten Schwierigkeiten die Eigendynamik der Suchtentwicklung sowie eine progrediente gesundheitliche und soziale Einschränkung sowie oftmals eine bestehende Verschuldung erschwerend hinzu kommt (Schalast, 2006).

Die Kovariation von Substanzkonsum und Straffälligkeit ist nach wie vor viel diskutiert, denn es ist bis heute nicht geklärt, ob der Substanzkonsum das Abgleiten in die Kriminalität begünstigt oder ob der Substanzkonsum eine Folge bzw. Begleiterscheinung einer kriminellen Laufbahn ist (König, 2003). Mittlerweile dominiert die Auffassung, dass beides, illegaler Drogenkonsum *und* kriminelles Verhalten, ein Ausdruck eines generell devianten und von der Norm abweichenden Lebensstils sind, die zudem äthiopathogenetisch auf ähnliche Prädispositionen und Risikofaktoren in der Genese zurückzuführen sind (Egg, 2002; König, 2003; Rautenberg, 1998).

1.3 Suchtbezogene Interventionsansätze im deutschen Strafvollzug

Bisher gibt es in Deutschland trotz der substantiellen Ko-Prävalenz von Straffälligkeit und Substanzkonsum nur vereinzelte suchtorientierte, auf diese Zielgruppe zugeschnittene Interventionen und Behandlungsprogramme. Zudem gibt es kaum Wirksamkeitsnachweise in Form einer Evaluation. Die bisherigen therapeutischen bzw. sekundärpräventiven Angebote abstinenzorientierter Therapieprogramme für Gefangene lassen sich laut Heinemann, Bohlen und Püschel (2002) in drei Bereiche einteilen: Entgiftungsstationen, drogenfreie Stationen und therapeutische Gemeinschaften. Spezifische Therapievorbereitungsstationen und -programme finden hierbei noch keine Berücksichtigung, da diese bisher gering verbreitet sind. Eine Ausnahme bildet die Hamburger Justizvollzugsanstalt (JVA) Vierlande, in der 1990 zwei „drogenfreie" Stationen mit je 35 Haftplätzen eingerichtet wurden. Hier sollte allerdings kein integriertes Behandlungskonzept und -angebot geschaffen werden, sondern vielmehr ein Rahmen für eine Abstinenzerprobung. In einer Langzeitauswertung, in der Teilnehmer dieses Programms hinsichtlich ihrer Hellfeld-Legalbewährung untersucht wurden, zeigte sich, dass reguläre Abgänger eine signifikant bessere Legalbewährung aufwiesen als Abbrecher des Programms. Außerdem unterstreichen die Ergebnisse die positive Funktion einer Anschlussbehandlung, da Teilnehmer ohne geplante Anschlussmaßnahme signifikant kürzere Rezidivlatenzen aufwiesen als solche, die im Anschluss in eine externe Anschlusstherapie überführt wurden (Heinemann et al., 2002). Faktoren wie die Haltedauer in der anschließenden Therapie, die Therapiemotivation oder der Einfluss psychisch komorbider Störungen wurden in dieser Studie nicht berücksichtigt. Die Autoren stellen fest, dass es an einer individuellen Ausrichtung, einer gezielten Förderung der Abstinenzmotivation und einer sukzessiven Vorbereitung auf die Entlassungssituation zur Vermeidung eines frühen Rückfalls mangele. Der Grund sei das Fehlen geeigneter, entsprechend personalintensiver Programme in deutschen Vollzugsanstalten. Die bisherigen sozialtherapeutischen Vollzugseinheiten richten sich vielmehr an diejenigen Insassen, die bereits eine gewisse Rehabilitationsfähigkeit mitbringen. Diese kann zwar bei bereits abstinenzerprobten Insassen vorliegen, schließt aber sicher nicht die Mehrheit substanzkonsumierender Insassen ein, sodass diese gezielter erreicht werden müssen (Heinemann et al., 2002).

1.4 Wissenschaftsbasierter Hintergrund des Konzeptes der „Therapievorbereitenden Station" (TVS)

Zusammenfassend gesagt, gibt es einen engen Konnex von kriminellem Verhalten, schädlichem oder abhängigem Substanzgebrauch und psychisch komorbiden Störungen, insbesondere der dissozialen (oder „antisozialen") Persönlichkeitsstörung. Das Konzept der hamburgischen „Therapievorbereitenden Station" (TVS) nimmt darum konzeptuell den dissozial gestörten, suchtkranken Straftäter in den Blick und richtet seine Maßnahmenstruktur an diesem „Prototyp" aus. Im Folgenden werden die allgemeinen Merkmale wissenschaftlich basierter Interventionsprogramme angeführt, welche für das TVS-Programm grundlegend sind, die speziellen Elemente des TVS-Programms sind im Kapitel 3 („Material und Methoden") ausführlich dargelegt.

▶ *Zielgruppe*
In den (Behandlungs-) Leitlinien der *Arbeitsgemeinschaft der Wissenschaftlichen Medizinischen Fachgesellschaften e. V.* (AWMF, 2008) werden Personen mit der Diagnose „dissoziale Persönlichkeitsstörung" (ICD-10 F60.2) wie folgt beschrieben: Sie sehen sich meist als autonome, starke Einzelgänger in einer Welt, in der es geradezu erforderlich ist, gegen soziale Regeln zu verstoßen. Dementsprechend gibt es eine hohe Identifikation mit kriminellen, antisozialen Rollenmodellen und Affinität zu kriminellen Werten. Ihr Denken und Handeln ist durch Impulsivität, Kurzfristigkeit und fehlende Reflexionsfähigkeit geprägt. Es fehlt ihnen an Fähigkeiten im Erkennen von Problemsituationen und möglichen Konsequenzen ihres Handelns, sie können (oder wollen) selbst keine alternativen Lösungsstrategien entwickeln (AWMF, 2008, S. 35; vgl. auch Schalast, 2006).

Einleitung und Thema

▶ *Behandlungsprinzipien*

Nach diesen Behandlungsleitlinien der AWMF lässt sich das „Kernmerkmal" der dissozialen Persönlichkeitsstörung, das kriminelle Verhalten, wirksam adressieren, wenn man den drei Prinzipien der Straftäterbehandlung folgt:

1. *Risikoprinzip:* Intensivere Angebote sollen Hochrisikofällen vorbehalten bleiben
2. *Bedürfnisprinzip:* Kriminalpräventive Interventionen müssen auf solche Klientenmerkmale abzielen, die nach dem empirischen Kenntnisstand kriminogene Faktoren sind
3. *Ansprechbarkeitsprinzip:* Auswahl der Methoden gemäß dem handlungsorientierten Lernstil der Straftäter und Ausrichtung auf die spezifischen Interventionsziele

Das *Risikoprinzip* ist gewahrt, indem nach einer diagnostischen Prüfung nur Insassen *at-risk* auf die TVS aufgenommen werden, d. h. solche mit einer ICD-10-Suchtdiagnose und hohem Rückfallrisiko. Das *Bedürfnisprinzip* ist gewahrt, indem kriminogene Faktoren wie Impulsivität des Handelns, fehlende Empathie und Sucht-Rückfallrisiko adressiert werden. Das *Ansprechbarkeitsprinzip* ist gewahrt durch die Auswahl der evidenzbasierten Interventionsmethoden, nämlich kognitiv-behaviorale Verfahren inklusive der Psychoedukation unter anderem mit den Elementen „Modell-Lernen", „Rollenspiel", „konkrete Hilfestellung", „Ressourcenbereitstellung".

▶ *Psychoedukation*

Psychoedukative Verfahren entstammen zwar dem Arsenal der „Kognitiven Verhaltenstherapie", sind aber auch von tiefenpsychologisch- oder personorientierten Therapierenden einsetzbar. Psychoedukation zielt auf eine umfassende Aufklärung der Patientinnen und Patienten über ihre Erkrankung, auf die Vermittlung von Kompetenzen im Umgang mit ihrer Erkrankung, die Stärkung der Compliance, der emotionalen Entlastung der Patientinnen und Patienten und auf die Vermittlung von Hoffnung. Gruppensettings sind hier hilfreich vor allem bei wenig motivierten Suchtpatienten (Pitschel-Walz & Bäuml, 2007; Bäuml, 2010). Zu manualisierten Programmen im Suchtbereich siehe Sittinger (2005) und Gouzoulis-Mayfrank (2003; 2008). Psychoedukative Verfahren sind für sich (etwa in Angehörigen-Gesprächsgruppen) oder als Teilelemente übergreifender Behandlungsansätze einsetzbar.

Einleitung und Thema

▶ *Dialektisch-Behaviorale Therapie*
Ein Kernelement der „Dialektisch-Behavioralen Therapie" (DBT) ist das sogenannte psychoedukative *Fertigkeitentraining* („Skills Training"); zugeschnitten auf die jeweiligen Störungsbilder werden hier Inhalte und Techniken (= *Fertigkeiten*) zu zentralen Themenbereichen eingeübt und ausgebaut (Stuppe, 2002). Die DBT beruht auf Erkenntnissen und Vorgehensweisen aus der Arbeit mit Patientinnen und Patienten mit einer Borderline-Persönlichkeitsstörung, welche Linehan (1996a und 1996b) für den Suchtbereich erfolgreich anwendbar gemacht hat. Ansätze der DBT für die Behandlung von Suchtpatientinnen und -patienten mit unterschiedlicher psychischer Komorbidität sind, wenn auch unterschiedlich hoch, evidenzbasiert (Gouzoulis-Mayfrank, 2008).

▶ *Verwandte Interventionsmethoden*
Eine Reihe von Interventionsmethoden ist hier zu würdigen, welche diesen Prinzipien Rechnung tragen, und die mindestens implizit in das TVS-Konzept eingeflossen sind: das „Reasoning & Rehabilitation Programm©" (*R&R*) (Gretenkord, 2002), das „Strukturierte Trainingsprogramm zur Alkohol-Rückfallprävention" (*S.T.A.R.*) (Körkel & Schindler, 2003), das sogenannte „Münchwiesener Programm" (Schmitz, Schuhler, Handke-Raubach & Jung, 2001) und das „Psychoedukative Gruppenprogramm bei problematischem Partydrogen- und Opiatkonsum" *(PEGP-POK)* (Wessel, 2005).

▶ *Basiskompetenzen für Therapieerfolg*
Berger et al. (1999) versuchten prognostische Kriterien für den Therapieerfolg bei substanzabhängigen Straffälligen zu ermitteln und betonen die Bedeutsamkeit der Frage, ob „... der Patient in ausreichendem Maß Anpassungs- und Kooperationsfähigkeit, Frustrationstoleranz und die Fähigkeit zum Bedürfnisaufschub ..." (S. 507) mitbringt. Dies seien Basiskompetenzen, die eine wichtige Grundvoraussetzung für eine erfolgreiche Behandlung darstellen. Auch formulieren sie die Notwendigkeit der Förderung der Anpassungsfähigkeit der Insassen an die Anforderungen, die speziell die Behandlung ihrer Suchtproblematik an sie stellt, um so eine Überforderung der Patientinnen und Patienten zu vermeiden (Berger et al., 1999).

▶ *Limitationen*
Hochbedeutsam in der Straftäterbehandlung ist der Transfer von in der therapeutischen Situation erworbenen Fähigkeiten auf Alltagssituationen, welcher unter den Bedingungen des Vollzuges allerdings nur eingeschränkt leistbar ist. Als therapeu-

Einleitung und Thema

tische Haltung empfiehlt sich eine kritisch-offene, engagierte, aber abgegrenzt betreuende Beziehung zu Patientin bzw. Patient (vgl. AWMF, 2008).

1.5 Zusammenfassung

Zwischen Delinquenz und Substanzkonsum besteht nachweislich ein hoher Zusammenhang, weshalb es in Justizvollzugsanstalten häufig einen hohen Anteil Gefangener mit Suchtstörungen gibt. Trotz der eindeutigen Bedarfslage und des Wissens darum, dass sowohl bei einer Fortsetzung des Konsums in Haft als auch bei einer länger dauernden Abstinenz ohne Behandlung der Suchtproblematik die Risiken für eine Rückfälligkeit und erneute Delinquenz sehr hoch sind, besteht ein Mangel an wissenschaftlich fundierten Studien zur Untersuchung des Ausmaßes von Drogen- und Alkoholmissbrauch in deutschen Strafvollzugsanstalten sowie an geeigneten evaluierten Behandlungsprogrammen. Diese müssten neben der Suchtproblematik und der Deliktspezifität auch psychisch komorbide Störungen berücksichtigen, deren Kriterien suchtkranke Straftäter häufig erfüllen, um der Behandlungsbedürftigkeit der Klientel trotz dieser schwierigen Ausgangslage gerecht zu werden. Versucht wurde dies bisher hauptsächlich über abstinenzorientierte Therapieprogramme oder im Rahmen einer Abstinenzerprobung auf sogenannten „drogenfreien" Stationen innerhalb des Vollzugs. Im Fokus der vorliegenden Untersuchung stand dagegen nun die Erprobung eines neuartig orientierten Interventionskonzeptes – der „Therapievorbereitenden Station" (TVS) –, welches erstmals im hamburgischen Strafvollzug evaluiert worden ist. Es basiert auf dem gegenwärtigen psychopathologischen Kenntnisstand, wie er in den Leitlinien der *Arbeitsgemeinschaft der Wissenschaftlichen Medizinischen Fachgesellschaften e. V.* (AWMF, 2008) festgehalten ist, und verfährt dementsprechend nach den drei Prinzipien der Straftäterbehandlung: Risikoprinzip (Adressierung von Hochrisikofällen), Bedürfnisprinzip (Adressierung der kriminogenen Faktoren) und dem Ansprechbarkeitsprinzip (Auswahl der Interventionsmethoden gemäß Lernstil der Straftäter und Ausrichtung auf die spezifischen Interventionsziele).

2 Ziele der Studie
P.-M. Sack, Ch. Baldus, S. S. Kindermann, R. Thomasius

2.1 Erarbeitung des Interventionskonzeptes

Das Projekt „Evaluation einer Therapievorbereitungsstation für drogenabhängige und -missbrauchende Gefangene im hamburgischen Strafvollzug" hatte eine Laufzeit vom 01.04.2008 bis 31.03.2011. Erste Gespräche und Planungen reichen aber bis in das Jahr 2005 zurück. Ausführlich ist die Chronik des Projektes in organisatorischen und personellen Belangen in den Sachberichten des *Deutschen Zentrums für Suchtfragen des Kindes- und Jugendalters* (DZSKJ) an den Förderer dokumentiert, sodass hier nur ein knapper Umriss gegeben wird.

2.1.1 Umsetzung des Konzeptes „Therapievorbereitende Station" (TVS) im Hamburger Strafvollzug

Die JVA Fuhlsbüttel hatte im Jahr 2008 die räumlichen und organisatorischen Voraussetzungen für eine spezielle Therapievorbereitungsstation (TVS) für substanzabhängige und -missbrauchende Gefangene im hamburgischen Strafvollzug geschaffen. In Abschnitt 3.5 „Kernelemente des Behandlungskonzeptes" ist das Konzept dazu beschrieben. Diese TVS verfolgte hauptsächlich das Ziel, die Insassen für eine Weiterbehandlung im Anschluss an ihre Haftzeit zu motivieren. Positive, therapeutisch relevante Erfahrungen auf der TVS sollten die Wahrscheinlichkeit erhöhen, auch außerhalb des Haft-Settings systematische Hilfen in Anspruch zu nehmen, um einen Rückfall in den Substanzkonsum zu vermeiden. Dies impliziert verschiedene Behandlungselemente, die unter anderem auch der psychischen Komorbidität der Insassen Rechnung tragen, und umfasst ein suchtspezifisches „Fertigkeitentraining" im Sinne der „Dialektisch-Behavioralen Therapie" (DBT) von Linehan (1996a/b), ein Training zur Rückfallprävention, Gesprächsgruppen sowie eine therapeutische Laufgruppe und ein Akupunkturangebot.

Die ursprüngliche Konzeption des Projekts bezog sich auf die Evaluation der TVS in der JVA Fuhlsbüttel. Aufgrund der Schließung der TVS der JVA Fuhlsbüttel zum Ende des Jahres 2009 musste das Projekt jedoch auf die bereits bestehende TVS in die JVA Billwerder verlegt und das Konzept in Anpassung an die dortigen Begebenheiten modifiziert werden. Dies gelang (Baldus et al., 2010), sodass das im

Rahmen des Projektes entwickelte Behandlungsprogramm mit einer dritten Probandengruppe auf der TVS in der JVA Billwerder fortgeführt werden konnte.

Der Zeitraum zwischen den Jahren 2008 bis 2009 diente als Pilotphase. Mit Beginn des Jahres 2009 wurde diese Phase beendet, nachdem konsensual konzeptionelle Änderungen für die Angebotsstruktur der TVS abgeleitet worden waren. Bedeutsam hierfür war – neben regelmäßigen Besprechungen und Abstimmungen der TVS-Mitarbeitenden, der Leitung und dem Strafvollzugsamt – eine zweitägige Außentagung des gesamten TVS-Personals, die im Februar 2009 in der Tagungsstätte „Aukrug" stattfand. Hier ging es sowohl um Informationsvermittlung und fachliche Fortbildung als auch um die weitere Planung der gemeinsamen Arbeit in konzeptionellen wie organisatorischen Belangen.

Eine wissenschaftliche Mitarbeiterin des DZSKJ war sowohl an der Konzeptionalisierung wie auch an der Durchführung des Fertigkeitentrainings beteiligt. Sie war zumindest teilweise in die tägliche Struktur auf der TVS eingebunden, indem sie dort wöchentlich an der Aufnahmekonferenz und Teambesprechung teilnahm, und sie war vor und nach dem Fertigkeitentraining für Fragen der Insassen ansprechbar.

2.2 Ziele und Konzeption der Studie

Ziel der Studie ist eine wissenschaftsbasierte Effektivitätsprüfung des genannten Interventionsprogramms „Therapievorbereitungsstation" im Strafvollzug der Freien und Hansestadt Hamburg; dementsprechend bezieht sich die Studie auf einen definierten Gegenstand, nutzt objektivierende empirische Methoden der Datengewinnung, bewertet aufgrund expliziter systematischer Kriterien, wird gemeinschaftlich von Fachleuten vorgenommen, und dient letztlich der Entscheidungs-vorbereitung des Auftraggebers in Bezug auf dieses Interventionsprogramm (Stockmann, 2010). In diesem Sinne befasst sich die Studie mit der Einrichtung und Machbarkeit („feasibility") des komplexen, multimodalen Interventionsprogramms „TVS" sowie vor allem seinem Outcome, nämlich der Steigerung der Bereitschaft der Probanden, sowohl während ihres Aufenthaltes in Haft als auch insbesondere nach Haftverbüßung tatsächlich eine weiterführende Therapie aufzunehmen, mit dem Ziel, vom Konsum psychoaktiver Substanzen abstinent zu werden (Ausnahme ist hier die Substanz Tabak bzw. Nikotin). Zielgrößen sind damit folglich die Haltequote der Insassen im Behandlungsprogramm auf der jeweiligen Therapievorbereitungsstation und die Vermittlungsquote in Anschlussbehandlungen nach dem Ende der Haftzeit.

Ziele der Studie

2.2.1 Primär- und Sekundärfragestellungen

Die Primär- und Sekundärfragestellungen der Studie werden im Folgenden angegeben, dazu die jeweiligen Operationalisierungen. Die vollständige Angabe und Charakterisierung aller eingesetzten Messinstrumente samt Zeitpunkt ihres Einsatzes erfolgt in Abschnitt 3.8 („Eingesetzte Methoden und Instrumente").

▶ *Primäre Fragestellung*
Ist bei den Probanden der TVS eine Steigerung der Bereitschaft beobachten, nach Haftverbüßung eine weiterführende Hilfe/Therapie aufzunehmen?

Operationalisierung:

- Haltequote im TVS-Setting
- tatsächliche Inanspruchnahme weiterführender Hilfen nach Haftentlassung

Die Haltequote sollte über 60 % liegen, dem europaweiten Durchschnitt der ambulanten und stationären Behandlungen (für Studien von 1980 bis 1999; Sonntag & Künzel, 2000). Die beabsichtigte Anschlussmaßnahme sollte mindestens bei 40 % tatsächlich beginnen; dieser Referenzwert bezieht sich auf die Studie von Dreger (2002).

▶ *Sekundäre Fragestellungen*
Ist bei den Probanden der TVS eine gestiegene Therapiebereitschaft und Abstinenzzuversicht zu beobachten? Wird das TVS-Angebot, insbesondere das Fertigkeiten- und das Rückfallprophylaxe-Training, akzeptiert? Bessert sich die Impulskontrolle?

Operationalisierung:

- erhöhte Therapiebereitschaft, gemessen über den Fragebogen zur Psychotherapiemotivation (FPTM-23; Schulz, Lang, Nübling & Koch, 2003)
- erhöhte Abstinenzzuversicht, gemessen über die Heidelberger Skalen zur Abstinenzzuversicht (HEISA-16; Körkel, Schindler & Hannig, 2003)
- Akzeptanz des Settings TVS: Stationserfahrungsbogen (SEB; Sammet & Schauenburg, 1999)

Ziele der Studie

- Akzeptanz des Fertigkeiten- und des Rückfallprophylaxe-Trainings, Akzeptanz von Gesprächsgruppen: Stundenbeurteilungsbogen (SB; Schindler, Hohenberger-Sieber & Hahlweg, 1990a/b)
- gebesserte Impulskontrolle: Skala zum Erleben von Emotionen (SEE; Behr & Becker, 2004).
- gebesserte „psychische Symptombelastung" GSI-9 nach der Symptom-Checklist-Kurzversion-9 SCL-K-9 (Klaghofer & Brähler, 2001) und Skala „Somatisierung" der Symptom-Checklist-90-R (SCL-90-R; Franke, 2002)
- Erreichung individueller Ziele (*per fiat*-Rating-Items)

Weitere Fragestellungen werden im Diskussionsteil unter „5.12 Ausblick" angesprochen.

2.3 Summative und formative Anteile der Evaluation

Aufgrund der Neuartigkeit des Konzeptes und dem Mangel an bisherigen wissenschaftlich gesicherten Erkenntnissen zur Wirksamkeit einzelner Module soll eine ergebnisorientierte (summative) Evaluation erfolgen. Durch Zwischenbewertungen im Verlauf der Evaluationsstudie bestand die Möglichkeit der Modifikation des Konzeptes bei erforderlicher Anpassung an das Setting noch in der Durchführungsphase der Studie. Da nicht einzelne Komponenten bzw. Kernelemente des Programms – z. B. Fertigkeitentraining, Rückfallprophylaxe-Training, Einzelgespräche, Sportgruppe, Akupunkturgruppe etc. – evaluiert wurden, sondern eine Wirksamkeitsprüfung der Maßnahme „TVS" *insgesamt* erfolgte, bleiben die Anteile einzelner Behandlungselemente am Gesamtergebnis unaufgeklärt. Gleichwohl werden alle Komponenten unter Abschnitt 3.5 („Kernelemente des Behandlungskonzeptes") ausführlich vorgestellt.

Gegenstand des Berichtes ist also eine *prospektiv-summative Makroevaluation,* welche der Gewinnung einer extern validen, multi-kriterialen Outcome-Messung dient (Barkmann, Sack & Schulte-Markwort, 2009), in einem Prä-Post-Follow-up-Design.

Die *formativen* Anteile, d. h. auf Zwischenbewertungen beruhende Programmmodifikationen während der Projektlaufzeit (Mittag & Hager, 2000) werden nicht näher betrachtet. So wurden Anpassungen erforderlich, die hauptsächlich durch die Schließung der TVS der JVA Fuhlsbüttel zum Ende des Jahres 2009 aufgrund dortiger interner struktureller Veränderungen bedingt waren. Das ursprünglich an die

JVA Fuhlsbüttel angepasste Programmkonzept konnte zwar nicht vollständig an das bereits bestehende Konzept der JVA Billwerder überführt werden, was jedoch durch bereits seit Jahren etablierte TVS-Komponenten kompensiert wurde (Baldus et al., 2010).

Diese und andere formativen Anteile des Projektes wurden im Gegensatz zu den summativen vom jeweiligen TVS-Leitungsteam in Absprache mit der Anstaltsleitung und dem Strafvollzugsamt *intern* geplant und umgesetzt. – Die formativen Anteile des Projektes sind zwar wesentlich für Implementierung und Effektivität der TVS, sind jedoch nicht Gegenstand dieses Berichtes.

Als *Limitation* folgt aus dem Beschriebenen, dass keiner Einzelkomponente eine „ursächliche" Wirkung auf den Outcome zugesprochen werden kann. Eine weitere Limitation stellt dar, dass kein Kontrollgruppendesign realisiert werden konnte. Denn potentielle Kandidaten, die die erforderlichen Kriterien erfüllten, entschieden sich in der Mehrzahl nach Aufklärung über das Projekt dazu, sich ebenfalls auf der TVS zu bewerben (Baldus et al., 2010). Über die interne Validität kann somit keine sichere Aussage getroffen werden. Auf einen möglichen Zusammenhang zwischen dem Outcome und den Trainingsinhalten wird aber unter Berücksichtigung der genannten Limitationen in der abschließenden Diskussion der Studienergebnisse eingegangen.

2.4 Auftraggeber und Durchführende

Auftraggeber der Evaluationsstudie war die Behörde für Justiz und Gleichstellung der Freien und Hansestadt Hamburg [heutige Amtsbezeichnung]. Die Projektleitung oblag dem *Deutschen Zentrum für Suchtfragen des Kindes- und Jugendalters* (DZSKJ) am Universitätsklinikum Hamburg-Eppendorf und der Justizvollzugsanstalt Fuhlsbüttel (Anstaltsleitung: Herr Andreas Gross) bzw. ab 04.01.2010 der Justizvollzugsanstalt Billwerder (Anstaltsleitung: Herr Ullrich Quietzsch). Die Aufarbeitung und Strukturierung der Daten sowie die Berichtlegung oblag dem DZSKJ.

2.5 Zusammenfassung

Mit dem Projekt „Evaluation einer Therapievorbereitungsstation für drogenabhängige und -missbrauchende Gefangene im hamburgischen Strafvollzug" wurden zwei primäre Ziele verfolgt: eine Steigerung der Behandlungsbereitschaft der teilnehmenden Insassen, gemessen über die Haltequote im Setting „TVS", sowie eine Verbesserung der Therapiemotivation, gemessen anhand der tatsächlichen Inanspruchnahme weiterführender Hilfen nach der Haftentlassung. Es geht um Machbarkeit und Outcome des komplexen, multimodalen Interventionsprogramms „TVS". Die Datenerhebung erfolgte vor allem anhand von standardisierten Fragebögen zu vier Messzeitpunkten (t_1-t_2-t_3-t_4): prä (Aufnahme auf die TVS), post (Entlassung von der TVS), Katamneseerhebung nach drei Monaten und Katamneseerhebung nach sechs Monaten.

Weitere Untersuchungsschwerpunkte waren die psychische Symptombelastung, die Abstinenzzuversicht, die Akzeptanz des TVS-Settings, Akzeptanz des durchgeführten Fertigkeitentrainings sowie eines Rückfallprophylaxe-Trainings. Des Weiteren wurde eine Besserung von Fähigkeiten zur Impulskontrolle und zur Affektregulation überprüft. Die Evaluation erfolgte vorwiegend summativ, formative Anteile kamen nur über anpassungsbedingte Veränderungen des Programms zum Tragen.

3 Material und Methoden

*Ch. Baldus, M. Feldmann, L. Stadler, P.-M. Sack
unter Mitarbeit von J. Ziegelmüller und S. Gosler*

3.1 Forschungsdesign

Bei der vorliegenden Untersuchung handelt es sich um eine Stage-1-Studie ohne Kontrollgruppe; sie prüft die prinzipielle Machbarkeit und Effektivität des Interventionsprogramms der Therapievorbereitungsstation (Carroll & Nuro, 2002). Die Studie ist längsschnittlich angelegt. Das Gesamtkonzept der TVS wurde über die dreijährige Projektlaufzeit kontinuierlich wissenschaftlich begleitet evaluiert. Es handelt sich um ein Prä-Post-Katamnese-Design, welches die Daten der Studienteilnehmer zu einem ersten Messzeitpunktes zu Beginn der Behandlung auf der TVS (t_1) mit den Daten bei Verlassen der TVS (t_2) vergleicht. Drei Monate (t_3) und sechs Monate (t_4) nach Abschluss der Maßnahme wurden die Katamneseerhebungen durchgeführt. Diese wurden eingeleitet durch ein telefonisches Interview und die anschließende Zusendung der Fragebögen. Bei vorzeitigem Abbruch des Behandlungsprogramms wurde die Datenerhebung fortgesetzt, sofern der Proband mindestens zwei Monate auf der TVS verbracht hat.

3.2 Ablauf der Datenerhebung

Zunächst wurde das Behandlungs- und Evaluationskonzept in einer Pilotphase mit der JVA Fuhlsbüttel entwickelt und auf Stimmigkeit überprüft. Die t_1- und t_2-Erhebungen sind in der JVA durchgeführt worden, die t_3- und t_4-Fragebögen wurden den Probanden per Post an ihre Nachsendeadressen zugeschickt, sofern sie wie planungsgemäß angenommen zu diesem Zeitpunkt ihre Haftzeit verbüßt hatten. Ansonsten wurde ihnen ein an die Haftsituation angepasster t_3- bzw. t_4-Fragebogen in die Haftanstalt gesandt. Die Studienteilnehmer erhielten pro Messzeitpunkt eine Aufwandsentschädigung von 10 Euro, die ihnen während der Haftzeit auf ihr Hausgeld- bzw. Telefonkonto und nach Haftentlassung auf ein angewiesenes Privatkonto überwiesen wurden. Im Zuge der Katamneseerhebungen wurde die Vergütung in Einzelfällen erhöht, um bei Säumigen einen möglichst großen Anreiz für eine Fortführung der Teilnahme an der Evaluation zu schaffen.

Material und Methoden

Eine ausführliche Beschreibung aller eingesetzten Messinstrumente und Fragebögen für die Evaluation und die dazugehörigen Testzeitpunkte folgt in Abschnitt 3.8 des Berichtes.

3.3 Zielgruppe und Einschlusskriterien für die TVS

Alle Insassen, die den Aufnahmekriterien der „Therapievorbereitenden Stationen" entsprachen, konnten potentiell an der Studie teilnehmen. Als formale Aufnahmekriterien, die in beiden TVS gleichermaßen galten, sind zu nennen:

- das Vorliegen einer Abhängigkeit oder des Missbrauchs illegaler Drogen/Alkohol bei Haftantritt gemäß Diagnosestellung durch die Vollzugspsychologen
- Motivation zu und Anstreben einer Entwöhnungsbehandlung im Anschluss an die Haft
- eine zeitliche Perspektive von etwa 6 bis 12 Monaten von der Beendigung des TVS-Aufenthaltes bis zur Haftentlassung
- die Bereitschaft zu wöchentlichen Urinkontrollen (UK) während des Aufenthaltes auf der jeweiligen TVS
- Aussicht auf eine Kostenzusage für die anschließende weiterführende Therapie (d. h. ein gesicherter Aufenthaltsstatus) und
- ausreichende Deutschkenntnisse

In der TVS der JVA Fuhlsbüttel lag zusätzlich vor:

- der Nachweis einer mindestens 6-wöchigen Drogenfreiheit vor Aufnahme auf die TVS

Während sich potentielle Interessenten in Fuhlsbüttel schriftlich um die Aufnahme bewerben mussten, war die Überprüfung der Eignung für die TVS Billwerder Teil der Vollzugsplanung in den Zugangsstationen.

Aufgrund der verschiedenen Rahmenbedingungen der TVS in der JVA Fuhlsbüttel und in der JVA Billwerder werden im Folgenden nicht nur die Behandlungsangebote per se dargestellt, vielmehr werden auch die Gemeinsamkeiten und strukturbedingten Unterschiede der JVA Fuhlsbüttel und der JVA Billwerder berichtet.

3.4 Zugangsgruppe und freie Gesprächsgruppe

Nach Aufnahme auf die Therapievorbereitungsstation der JVA Fuhlsbüttel nahm jeder Insasse zunächst an der Zugangsgruppe teil. Die Gruppe wurde von zwei Psychologen geleitet, in insgesamt acht 90-minütigen Sitzungen wurden drei Themenblöcke behandelt:

- Sitzung 1 und Sitzung 2: „Kennenlernen und Ankommen"
- Sitzung 3 und Sitzung 4: „Psychoedukation"
- Sitzung 5 bis Sitzung 8: „Erarbeiten persönlicher Ziele"

In den ersten Sitzungen ging es neben dem Kennenlernen und der Vorstellung des Behandlungsprogramms sowie der Evaluationsstudie um gruppentherapeutisches Basiswissen, unter anderem um die Erarbeitung von Gruppenregeln und die Erläuterung von Feedback-Regeln. Psychoedukativ wurden die Entstehung und Aufrechterhaltung einer Abhängigkeitserkrankung thematisiert. Im Vordergrund dieses Angebots stand vor allem die Erarbeitung von Therapiezielen für die Zeit auf der TVS anhand der persönlichen Biografie. Die Insassen lernten dabei, in einer Gruppensituation über sich zu sprechen und mit Feedback aus der Gruppe umzugehen. –
In der TVS Billwerder wurde dieses Gruppenformat nicht angeboten. Stattdessen gab es freie Gesprächsgruppen, in denen die Insassen persönlich bewegende oder Tagesaktualitäten betreffende Themen erörterten.

Beide Gruppenformate wurden offen mit zeitlich parallel laufenden Gruppen gehandhabt, d. h. die Teilnehmerschaft setzte sich jeweils aus zahlenmäßig kleinen Subgruppen der aktuell auf der TVS befindlichen Insassen zusammen.

3.5 Kernelemente des Behandlungskonzeptes

In beiden Justizvollzugsanstalten wurde ein Konzept, bestehend aus verschiedenen Behandlungsmodulen, umgesetzt, das der Klientel und der Haftsituation Rechnung trägt und durch wechselseitiges Ineinandergreifen und Ergänzung die Grundlagen schaffen soll, dass im Anschluss an die Haft eine weiterführende Behandlung in Anspruch genommen werden kann. Zu diesem integrativen Behandlungskonzept, das zu Beginn des Projektes gemeinsam mit der JVA Fuhlsbüttel entwickelt wurde und dann für die Durchführung in der JVA Billwerder entsprechend adaptiert wurde, gehören als Kernelemente:

Material und Methoden

- das Fertigkeitentraining der Dialektisch-Behavioralen Therapie (siehe Abschnitt 3.5.1)
- das Rückfallprophylaxe-Training (siehe Abschnitt 3.5.2) und
- eine therapeutische Laufgruppe

Das ursprünglich an die JVA Fuhlsbüttel angepasste Behandlungskonzept konnte nicht zu allen Teilen in das bereits bestehende Konzept der JVA Billwerder überführt werden. Die Zugangsgruppe wurde ebenso wie die Laufgruppe aus räumlichen wie aus personellen Gründen nicht angeboten. Dies wurde jedoch durch das auf der dortigen TVS bereits seit Jahren angebotene und bewährte Gruppenkonzept kompensiert, welches ähnliche Inhalte wie die Zugangsgruppe hat. Es beschäftigt sich inhaltlich mit der emotionalen und kognitiven Gewöhnung an die Gruppensituation, einer Auseinandersetzung mit der Sucht, Reflexion der Haftsituation sowie dem Einüben hilfreicher Kommunikationsweisen. Zusätzlich konnten die Insassen auf der TVS mindestens zweimal pro Woche am regulären Sportangebot teilnehmen. Die Kernangebote des spezifisch durch das DZSKJ adaptierten Fertigkeitentrainings sowie des Rückfallprophylaxe-Trainings, auf die sich der Fokus der vorliegenden Untersuchung bezieht, wurden erfolgreich in die Angebote der JVA integriert. Alle Behandlungselemente werden im Folgenden ausführlich vorgestellt.

3.5.1 Das Fertigkeitentraining nach Marsha Linehan

▶ *Grundzüge des Fertigkeitentrainings*

Ein Hauptproblem Substanzabhängiger stellt der defizitäre Umgang mit der Affektregulation und Impulskontrolle dar (Hayne, 1990). Das Erlernen von Kompetenzen im Umgang mit negativen Spannungen und der Emotionsregulation („Skills Training") ist einer der Schwerpunkte der „Dialektisch-Behavioralen Therapie" (DBT) nach Marsha Linehan (1996a, 1996b), das ursprünglich für weibliche suizidale Patientinnen mit einer Borderline-Persönlichkeitsstörung entwickelt wurde, mit deren Hilfe Verhaltens-, Gefühls- und Denkmuster verändert werden sollen, die zu seelischen Belastungen führen:

- „Innere Achtsamkeit"
- „Emotionsregulierung" bzw. „Umgang mit Gefühlen"
- „Stresstoleranz"
- „Zwischenmenschliche Fertigkeiten"

Als erstes erfolgt die Vermittlung von Fertigkeiten, die zur Steigerung der „*inneren Achtsamkeit*" führen. Aus diesem Grund werden sie auch zu Beginn jeder Trainingssitzung neu besprochen und vertieft. Sie zielen darauf ab, die Wahrnehmung des Selbst und des eigenen Handelns zu fördern und sich ganz bewusst auf das gegenwärtige Erleben zu konzentrieren, ohne dabei zu bewerten. Um die Impulskontrolle zu verbessern und die eigenen Gefühle besser steuern zu können, werden Fertigkeiten zur „*Emotionsregulierung*" vermittelt. Im Fokus stehen ein bewusster „*Umgang mit Gefühlen*" und eine Verbesserung des Zugangs zum inneren Befinden. Fertigkeiten zum Umgang mit Stress, vor allem in unabänderlichen unangenehmen Situationen, sollen dabei helfen, mehr „*Stresstoleranz*" zu entwickeln, um Belastungen besser aushalten zu können. Um die Kompetenzen in der Interaktion mit anderen zu fördern, werden darüber hinaus „*zwischenmenschliche Fertigkeiten*" trainiert, damit eine Abgrenzung, Äußerung und Durchsetzung von eigenen Bedürfnisse besser gelingen kann (Linehan, 1996a).

Das „Skills Training" aus dem DBT-Programm von Linehan wurde vom DZSKJ adaptiert und in enger Zusammenarbeit mit der JVA Fuhlsbüttel speziell an die Klientengruppe der Insassen mit problematischem Substanzkonsum angepasst.

▶ *Merkmale des Fertigkeitentrainings auf den TVS*

Die Anpassungen betreffen vor allem sprachliche Vereinfachungen, um dem generell niedrigeren Bildungsniveau von Insassen in der JVA Rechnung zu tragen. Zudem wurden Beispiele und Übungen so konzipiert, dass sie zu den spezifischen Bedingungen der Haftsituation passen und von den Probanden problemlos in den Haftalltag integriert werden können.

Ähnlich wie im international bekannten und renommierten „Reasoning & Rehabilitation Programm$^{©}$" (R&R; Ross, Fabiano & Ross, 1986) soll über das Fertigkeitentraining und den daraus resultierenden Zuwachs an Kompetenzen eine Förderung der Therapiemotivation erfolgen und auf eine anschließende weiterführende Therapie vorbereitet sowie deren Erfolgschancen erhöht werden. Gleichwohl soll das Programm die prosoziale Anpassung sowie das Gelingen zwischenmenschlicher Beziehungen unterstützen. So verfolgt das im Rahmen der Maßnahme „TVS" durchgeführte Fertigkeits-training folgende Ziele:

- Verringern von problematischen Zuständen wie:
  - chaotischen zwischenmenschlichen Gefühlen
  - starken Gefühls- und Stimmungsschwankungen
  - übermäßiger Impulsivität
  - Identitätsunsicherheit

- Fördern von Ressourcen für das Gelingen einer anschließenden Therapie und dem Ausstieg aus dem problematischen Substanzkonsum, nämlich von:
  - befriedigenden zwischenmenschlichen Beziehungen
  - Fähigkeiten zur Regulation von Stimmungsschwankungen
  - Spannungs- und Frustrationstoleranz
  - Fähigkeit zur Achtsamkeit für sich selbst und für andere

Übergeordnete Ziele betreffen die Schaffung eines Problembewusstseins, die Förderung der Reflektionsfähigkeit, die Schaffung eines Zugangs zu den eigenen Gefühlen sowie die Vermittlung störungsspezifischer Verhaltensfertigkeiten wie der Selbstberuhigung und Entspannung.

Das Gruppentraining ist konzipiert für 14 Sitzungen à 90 Minuten und wurde einmal wöchentlich von zwei Diplom-Psychologen (eine Frau, ein Mann) in einer Gruppe mit sechs bis acht Teilnehmern durchgeführt. Eine vollständige Übersicht zu jeder der 14 Sitzungen ist im derzeit noch unveröffentlichten Manual zur Anleitung für Gruppenleiter (Ziegelmüller, Feldmann, Baldus & Thomasius, 2009) enthalten, ebenso Beispiele für die Achtsamkeitsübungen. Abbildungen der in den einzelnen Sitzungen verwendeten Flip-Charts sind zur Veranschaulichung im Anhang zu finden (siehe Anhang A und Anhang B).

3.5.2 Das Rückfallprophylaxe-Training

Das Rückfallprophylaxe-Training verlief über etwa 12 Sitzungen à 90 Minuten. Es wurde von zwei Mitarbeitenden von „MAEX/M.A.T." (*Medikamentengestützte ambulante Therapie und Externe Drogenberatung, Substitutionsbetreuung, Drogenberatung in Haftanstalten Hamburg und Rückfallprophylaxe des Trägers „Therapiehilfe e. V."*) durchgeführt. Der folgende Text hierzu beruht auf der Darstellung von MAEX/M.A.T:

Das Konzept dieser Gruppe orientiert sich an dem „Strukturierten Trainingsprogramm zur Alkohol-Rückfallprävention (S.T.A.R.)" von Körkel und Schindler (2003; vereinfacht und suchtübergreifend überarbeitet). Die Gruppensitzungen beinhalten sowohl Informationsvermittlung durch die Gruppenleiter, als auch Erfahrungsaustausch und Diskussionen zum jeweiligen Thema. Folgende Themen wurden in der Gruppe behandelt:

− Vor- und Nachteile von Abstinenz und Konsum: Diskussion über die Vor- und Nachteile von Abstinenz und Konsum, sowie über die Funktionalität von Konsum

Material und Methoden

- *Rückfälligkeit und „Ausrutscher": Vermittlung eines theoretischen Hintergrunds zur Rückfälligkeit, Diskussion über persönliche Erfahrungen im Umgang mit Rückfälligkeit und unangenehmen Gefühlen als mögliche Ursache, Verdeutlichung des Unterschieds zwischen „Ausrutscher" und Rückfall, Erarbeitung alternativer Bewältigungsmöglichkeiten*
- *Kontrollierter Konsum: Diskussion und Erfahrungsaustausch ob und unter welchen Umständen kontrollierter Konsum individuell möglich bzw. vorstellbar ist, Anleitung zu einem reflektierten Umgang mit Rückfällen, Erarbeitung von Handlungsalternativen*
- *Vorstellung therapeutischer Einrichtungen und Konzepte: Theoretische Vorstellung verschiedener Behandlungsformen und -einrichtungen, praktische Vorstellung einer therapeutischen Einrichtung durch einen Mitarbeiter*
- *Therapievorerfahrungen und Nachsorge: Aufarbeitung der individuellen Therapieerfahrungen, Vermittlung eines Überblicks über mögliche Behandlungsangebote nach der Therapie, Erörterung der Frage, ob Sucht „heilbar" ist oder eine lebenslange Herausforderung darstellt*

(N. Bielefeld & H. Hellmann, schriftliche Mitteilung an das DZSKJ, August 2009)

3.6 Das Urinkontrollprogramm

Neben der Teilnahme am Behandlungsangebot waren die Insassen verpflichtet, am Urinkontrollprogramm (UK-Programm) teilzunehmen. Dafür wurden in der JVA Fuhlsbüttel wöchentlich Urinproben unter Aufsicht eingeholt und im Labor des Zentralkrankenhauses im Schnelltestverfahren analysiert. In der JVA Billwerder wurde ein abgestuftes UK-Programm praktiziert, in dem die Insassen auch auf der TVS täglich, dreimal wöchentlich oder wöchentlich Urinproben abgaben.

3.7 Weitere Angebote der TVS

▸ *Gesprächsgruppe*

In wöchentlichen Sitzungen sollten die Inhaftierten auf der TVS der JVA Billwerder an die Gruppensituation, die ihnen auch in einer Anschlussbehandlung begegnen würde, herangeführt werden. Die Situation in der Wohngruppe (WG) sollte dabei reflektiert werden und ein Austausch darüber stattfinden. Es fanden drei Gesprächsgruppen parallel statt, die entweder von einem Sozialpädagogen und einer Psychologin oder einem externen Drogenberater geleitet wurden. Es handelte sich hierbei um offene, nicht manualisierte Gruppenangebote. In der JVA Fuhlsbüttel wurde diese Gruppenform nicht angeboten.

Material und Methoden

▶ *Einzelgespräche*

Im Bedarfsfall konnten auf beiden Therapievorbereitungsstationen Einzelgespräche mit den Pädagogen der externen Drogenberatung von MAEX/M.A.T., dem Vollzugspsychologen oder der Vollzugsabteilungsleitung in Anspruch genommen werden. Einzelgespräche mit der Drogenberatung dienten der Erhöhung der Therapiemotivation und der Therapievermittlung und -organisation. Gesprächsangebote zur Tataufarbeitung oder zu speziellen psychischen Problembereichen konnten beim Vollzugspsychologen wahrgenommen werden. Zur Überprüfung der Vollzugsziele gab es die Möglichkeit, Gespräche mit der Vollzugsabteilungsleitung zu führen.

▶ *Wohngruppenbesprechung*

Auf der TVS der JVA Fuhlsbüttel kamen alle Behandelnden und Insassen zweiwöchentlich in der stattfindenden Wohngruppenbesprechung zusammen, um die Themen des gemeinsamen Zusammenlebens auf der Station zu besprechen. Es wurden sowohl die Themen der Insassen als auch die des Behandlungsteams aufgegriffen und diskutiert. Dieses Angebot besteht auf der TVS der JVA Billwerder nicht.

▶ *Vollversammlungen*

Auf der TVS der JVA Billwerder wurde quartalsweise eine Vollversammlung abgehalten, welche dem Informationsaustausch dienen und das Wohngruppengefühl stärken sollte.

▶ *Akupunktur*

Als weiteres freiwilliges Angebot wurde auf der TVS der JVA Fuhlsbüttel einmal in der Woche Akupunktur nach dem NADA-Protokoll (*National Acupuncture Detoxification Association*) angeboten, welche seit 1999 in den Hamburger Justizvollzugsanstalten angewendet wird. Eine Evaluation des Projektes im Zeitraum 2000 bis 2003 zeigte hohe positive Wirksamkeit der Ohrakupunktur bei der Entspannung, der Stressreduzierung, der Entzugsminderung und der Minderung des Suchtverlangens (*Craving*) (Thiele, 2007). Das Akupunktur-Angebot auf der TVS Fuhlsbüttel wurde von einem ausgebildeten Wohngruppenleiter durchgeführt und fand in der Gruppe statt. Die Sitzungen dauerten 25 bis 40 Minuten. Das Akupunktur-Angebot wurde jedoch bald nach Studienbeginn nicht mehr nachgefragt und darum ausgesetzt (vgl. Abschnitt 4.10).

▶ *Sportangebot*

Ursprünglich war eine zweimal wöchentlich stattfindende therapeutische Laufgruppe geplant, an der alle Insassen teilnehmen sollten (Schay, Petzold, Jakob-Krieger & Wagner, 2006). Durch individuelle Laufpläne sollten die Insassen langsam an den Laufsport herangeführt werden. Ziel ist neben der Vermittlung einer aktiven und gesundheitsförderlichen Freizeitgestaltung die Stärkung eines positiven Körpergefühls und die Steigerung der körperlichen Leistungsfähigkeit (Bartmann, 2005). Dieses Angebot wurde modifiziert und an die Bedarfe der Teilnehmer angepasst, sodass auch Mannschaftssportarten in das Sportangebot aufgenommen wurden. Das Sportangebot besteht zweimal pro Woche auf der TVS der JVA Fuhlsbüttel bzw. dreimal pro Woche auf der TVS der JVA Billwerder.

▶ *Freizeitangebote*

In der JVA Fuhlsbüttel werden allgemeine Freizeitangebote für alle Insassen wie eine Fussball-, eine Musikgruppe und verschiedene Gesprächsgruppen angeboten, ferner gibt es spezielle Angebote für die TVS (eine Kochgruppe, Gruppen für Tischtennis und Tischfussball). Ziel ist es, den Gefangenen die Möglichkeit zu geben, ihre Freizeit sinnvoll zu strukturieren und Interessen aufzubauen. In der JVA Billwerder besteht ebenfalls die Möglichkeit, an allgemeinen Freizeitangeboten teilzunehmen oder die Freizeitgestaltungsmöglichkeiten auf der Station zu nutzen (Tischtennis, Spielesammlung).

Ein Vergleich der strukturellen Merkmale der TVS Fuhlsbüttel und der TVS Billwerder ist Tabelle 2 zu entnehmen.

Tabelle 2
Gegenüberstellung der strukturellen Merkmale der TVS Fuhlsbüttel und der TVS Billwerder während des Evaluationsprojektes (Fortsetzung umseitig)

TVS Fuhlsbüttel	TVS Billwerder
Räumliche Voraussetzungen	
• 18 Haftplätze	• 32 Haftplätze
• 2 Gruppenräume	• 1 Gruppenraum
• Lichthof	• Lichthof und Aufenthaltsraum
• Pantry	• Pantry
• 1 Stationsaufsicht	• 1 Stationsaufsicht
• 3 Büros	• 1 Büro

Material und Methoden

TVS Fuhlsbüttel	TVS Billwerder
Personal	
• 1 Abteilungsleitung zu 50 % • 1 Psychologe zu 60-80 % • 1 WG-Beamter im Tagesdienst zu 100 % • 1 Stationsbeamter im Schichtdienst zu 100 % • 1 externe Psychologin (Mitglied des Projektteams) zu 30 % (Behandlung 20 %, Evaluation 10 %)	• 1 Vollzugsabteilungsleiter zu 100 % • 1 Psychologin zu 40 % • 2 Stationsbeamte im Schichtdienst zu 50 % • 1 externe Psychologin (Mitglied des Projektteams) zu 30 % (Behandlung 20 %, Evaluation 10 %)
Behandlungsdauer	
• 6-12 Monate bis zu einer möglichen Entlassung mit Anschlussbehandlung	• 6 Monate bis zu einer möglichen Entlassung mit Anschlussbehandlung
Vollzug	
• Sonderstation mit Status der Bewährungsstation • Besuch wöchentlich 1 Stunde • Teilnahme an den Freizeitaktivitäten des Hauses • vormittags Kernarbeitszeit bis 11.30 Uhr, nachmittags Gruppen- oder Sportangebote (1-3-mal die Woche, ggf. Ersetzung von Verdienstausfall), andernfalls Arbeit	• Sonderstation mit Status der Bewährungsstation • gleiche Besuchsregelung wie außerhalb der TVS • eine zusätzliche Sporteinheit für TVS-Mitglieder • normale Arbeitszeit täglich bis 15 Uhr • Gruppenangebot während der Arbeitszeit, alle anderen Freizeitangebote, auch Sport, außerhalb der Arbeitszeit
Urinkontrollprogramm	
• Abgabe 1-mal wöchentlich • negativer Befund 6 Wochen vor Aufnahme muss vorliegen	• gestuftes Abgabeprogramm: täglich, 3-mal wöchentlich, 1-mal wöchentlich • negativer Befund vor Aufnahme muss nicht vorliegen

3.8 Eingesetzte Methoden und Instrumente

Im Folgenden werden die Instrumente der summativen Evaluation vorgestellt.

3.8.1 Instrumente der Expertendiagnostik

3.8.1.1 Strukturiertes Klinisches Interview (SKID-I und SKID-II)

Zur standardisierten Diagnostik von psychischen Störungen wurde zu Beginn der Behandlung (t_1) das „Strukturierte Klinische Interview I" (SKID-I) mit den Studienteilnehmern durchgeführt sowie zur Diagnose von Persönlichkeitsstörungen das „Strukturierte Klinische Interview II" (SKID-II) (beides *cf.* Wittchen, Zaudig & Fydrich, 1997). Es handelt sich dabei um die deutschen Versionen der amerikanischen Interviewleitfäden nach der *American Psychiatric Association* (APA) (http://www.psych.org/). Über SKID-Interviews werden Diagnosen nach DSM-IV vergeben (*Diagnostisches und Statistisches Manual Psychischer Störungen*, Version IV; Saß, Wittchen & Zaudig, 1998). Das SKID-I schreibt die Diagnose einer substanzbezogenen Störung auch dann vor, wenn eine vorliegende Abstinenz bisher lediglich in einem geschützten Setting, wie z. B. einer Klinik oder einer Haftanstalt, erlangt worden war. – Für die Zwecke der vorliegenden Studie wurden die DSM-IV-Diagnosen vom SKID-Interviewer in ICD-10-Diagnosen umgewandelt.

▸ *SKID-I*

Das SKID-I ist ein weithin verwendetes halbstandardisiertes Interview zur Erfassung und Diagnostik der im DSM-IV auf Achse I erfassten psychischen Störungen und Syndrome. Folgende Störungen und Syndrome werden mit dem SKID-I erfasst: Affektive Störungen, Psychotische Störungen, Störungen durch psychotrope Substanzen, Angststörungen, Somatoforme Störungen, Essstörungen und Anpassungsstörungen. Diagnosen können im Quer- und/oder Längsschnitt (Aktual- bzw. Lebenszeitprävalenz) erhoben werden. In der vorliegenden Studie wurden die Aktualprävalenzen ermittelt, d. h. der fragliche Zeitraum umfasste die vergangenen fünf bis zehn Jahre vor dem Interview. Eingeleitet wird das SKID-I mit einem kurzen Explorationsleitfaden sowie einigen Screeningfragen. Anhand der Antworten auf die Fragen überprüft der Interviewer, ob ein diagnostisches Kriterium erfüllt ist; je nach Antwort findet er einen Verweis zu den nächsten Fragen. Diese sogenannten „Sprungregeln" lassen nur Fragen in Bereichen zu, in denen die Diagnose einer psychischen Störung auf Basis bisher eingeholter Informationen möglich ist.

Dieses Vorgehen erhöht die Genauigkeit und Ökonomie der Durchführung (Beblo, Schrader & Brand, 2005). Die Durchführungszeit des SKID-I beträgt durchschnittlich etwa 60 Minuten.

▸ *SKID-II*
Mit dem SKID-II werden die zehn auf Achse II sowie die zwei im Anhang des DSM-IV aufgeführten Persönlichkeitsstörungen diagnostiziert. Das Verfahren ist zweistufig und besteht aus einem Fragebogen zum Screening für die Merkmale der 12 erfassten Persönlichkeitsstörungen. Die Items des Fragebogens repräsentieren die jeweiligen DSM-IV-Kriterien. Für die im Fragebogen mit „ja" beantworteten Fragen wird zur Ergänzung das nachfolgende Interview durchgeführt. Durchschnittlich beträgt die Durchführungszeit des SKID-II 30 Minuten (Wittchen et al., 1997). Die Interviews zum SKID-II wurden – wie auch zum SKID-I – bei allen Probanden zu Beginn der Studie (t_1) durchgeführt.

3.8.1.2 Drogenanamnese

Der Erhebungsbogen zur Drogenanamnese wurde vom DZSKJ (Feldmann, Ziegelmüller & Thomasius, 2008a) entwickelt und zu allen vier Messzeitpunkten eingesetzt. Die Probanden sollen angeben, ob und welche Substanzen sie vor der Haft konsumierten und ihre Hauptdroge bezeichnen. Folgende Substanzgruppen stehen dafür zur Verfügung: Alkohol, Cannabis, Amphetamine, Halluzinogene, Heroin, Substitutionsmittel, Benzodiazepine, Kokain und Crack, Crystal sowie Ecstasy. Es wird das Alter bei Erstkonsum und bei Störungsbeginn sowie die Konsummenge und -häufigkeit vor der aktuellen Inhaftierung erhoben. Die Drogenanamnese wurde zum ersten Untersuchungszeitpunkt (t_1) von einem trainierten Interviewer durchgeführt. Zu den Untersuchungszeitpunkten t_2, t_3 und t_4 wird eine abgewandelte Form der Drogenanamnese im Fragebogenformat, bezogen auf die Prävalenz der genannten Substanzgruppen in den letzen 30 Tagen, verwendet, d. h. hier liegen Selbstberichte vor.

Material und Methoden

3.8.2 Fragebögen und Selbstberichte

3.8.2.1 Fragen zu bisherigen Therapieversuchen

Um den Einfluss bisheriger Therapievorerfahrungen auf die komplexe TVS-Intervention zu untersuchen, wurde von den Studienteilnehmern erfragt, wie häufig sie bereits einen Suchttherapieversuch unternommen hatten, wann, wie lange und in welcher Einrichtung dies gewesen sei. Ferner wurde abgefragt, ob die Behandlung regulär beendet wurde und welche etwaigen Abbruchgründe bestanden haben. Hierfür wurde eine Fragenliste mit sowohl offenen als auch vorgegebenen zweistufigen Antwortkategorien (*per fiat*-Items) eingesetzt (Feldmann, Ziegelmüller & Thomasius, 2008b). Dieser Fragebogen kam zum ersten Untersuchungszeitpunkt (t_1) zur Anwendung.

3.8.2.2 Soziodemografische Daten

Die soziodemografischen Daten wurden zum ersten Untersuchungszeitpunkt in einem Interview erhoben (Feldmann, Ziegelmüller & Thomasius, 2008c), ggf. waren die Angaben der Studienteilnehmer durch Informationen aus der Gefangenenpersonalakte zu ergänzen. Zu den Katamnesezeitpunkten erfolgte eine verkürzte Abfrage der soziodemografischen Daten im Fragebogenformat. – Neben soziodemografischen Daten werden auch biografische Daten erhoben, sodass sich der Fragebogen in die vier Teilbereiche „soziodemografische Daten" (Alter, Nationalität, Wohnverhältnisse vor der Haft, Haftgrund und -dauer), „Ausbildung" (Schulabschluss, Ausbildung, Erwerbstätigkeit, Einkommen und Schulden), „soziales Umfeld" (Lebenssituation und soziale Unterstützung) sowie „Kindheit und Jugend" (Lebensverhältnisse in der Kindheit und Jugend) gliedert.

3.8.2.3 Fragebogen zur Psychotherapiemotivation (FPTM-23)

Über den *Fragebogen zur Psychotherapiemotivation* (FPTM-23; Schulz, Lang, Nübling & Koch, 2003; Schulz, Nübling & Rüddel, 1995) wird die Motivation zu einer psychotherapeutischen Behandlung via Selbsteinschätzung erfragt. Die Autoren gehen davon aus, dass es sich bei Psychotherapiemotivation um ein mehrdimensionales Konstrukt handelt. Entsprechend besteht der FPTM-23 aus den sechs Skalen „Psychischer Leidensdruck", „Hoffnung", „Verneinung psychischer

Material und Methoden

Hilfsbedürftigkeit", „Wissen", „Initiative" und „Symptombezogene Zuwendung durch andere". Die Items werden auf einer vierstufigen Antwortskala beantwortet und für jede Skala wird ein Skalengesamtwert ermittelt. Die Skalen „Verneinung psychischer Hilfsbedürftigkeit" und „Symptombezogene Zuwendung" sind negativ gepolt, d. h. hohe Skalenwerte zeigen niedrige Psychotherapiemotivation an. Die Skalen haben innere Konsistenzen von .68 bis .92 (Cronbach's α), der FPTM-23 wurde bislang nur an nicht-forensischen klinischen Stichproben validiert. Zum FPTM-23 gibt es derzeit keine Normen. Die hier verwendete Version wurde sprachlich zum Teil an die Zielgruppe angepasst. Die Version war in etwa zehn Minuten zu bearbeiten und wurde zu t_1 und t_2 eingesetzt.

3.8.2.4 Heidelberger Skalen zur Abstinenzzuversicht (HEISA-16)

Die *Heidelberger Skalen zur Abstinenzzuversicht* (HEISA-16; Körkel, Schindler & Hannig, 2003) erfassen die Absicht und Zuversicht eines von illegalen Drogen abhängigen Klienten, künftig abstinent zu leben. In dieser Studie wird der HEISA-16 zu allen vier Untersuchungszeitpunkten eingesetzt. Über sechsstufige Items wird die Zuversicht der Probanden erhoben, Gefährdungssituationen ohne die bisherige Problemdroge bewältigen zu können. Diesen Gefährdungssituationen lassen sich vier Risikobereiche (Skalen) zuordnen, nämlich „Unangenehme Gefühlszustände", „Versuchung und Verlangen", „Leichtsinnigkeit im Denken" und „Angenehme Gefühle". Die Skalen haben innere Konsistenzen von .88 bis .94 (Cronbach's α). Zum HEISA-16 ist bislang keine Vorhersagevalidität bekannt, Normen existieren ebenfalls nicht. – Ergänzend zum HEISA-Fragebogen wurde die sogenannte „Zielskala" (Körkel & Schindler, 1998) eingesetzt, die aus *per fiat*-Items besteht ohne im eigentlichen Sinne Skalenqualität zu haben.

3.8.2.5 Symptom-Checklist-90-R (SCL-90-R; Skala „Somatisierung") und Symptom-Checklist-Kurzversion-9 (SCL-K-9)

Die *Symptom-Checklist-90-R* (SCL-90-R; Franke, 2002) ist ein störungsübergreifendes mehr-dimensionales Selbstbeurteilungsverfahren zur Erfassung der psychischen Symptombelastung bei Patienten mit körperlichen und psychischen Störungen (Prinz, Nutzinger, Schulz, Petermann, Braukhaus & Andreas, 2008). Dieses Verfahren besteht aus neun Skalen („Somatisierung", „Zwanghaftigkeit", „Unsicherheit im Sozialkontakt", „Depressivität", „Ängstlichkeit", „Aggressivität/Feind-

Material und Methoden

seligkeit", „Phobische Angst", „Paranoides Denken" und „Psychotizismus") und insgesamt 90 Items mit einer fünfstufigen Antwortskala. In der vorliegenden Studie wird die Skala „Somatisierung" (Cronbach's α = .83) eingesetzt, zu der Normwerte wie auch Vergleichsdaten von stationär aufgrund ihrer Suchtbelastung behandelten Patienten vorliegen (Fischer, Missel, Nowak, Roeb-Rienas, Schiller & Schwehm, 2007). Durch die Erhebung der Somatisierungsskala sollen körperliche Beschwerden und somit mögliche körperliche Entzugssymptome bei den Studienteilnehmern erfasst werden. – Ausgehend von Zweifeln an der Mehrdimensionalität der SCL-90-R, deren Skalen zum Teil hohe Interkorrelationen aufweisen, wurde in den letzten Jahren eine eindimensionale Kurzversion konstruiert, die *Symptom-Checklist-Kurzversion-9* (SCL-K-9), bestehend aus neun Items, welche die neun Skalen der Ursprungsskala repräsentieren (Klaghofer & Brähler, 2001). Für ihren Gesamtscore liegt Cronbach's α bei .87; sie wurde konkurrent validiert und bevölkerungsrepräsentativ normiert. Der Score der Kurzversion erfasst das gleiche Konstrukt wie der Score der Langform, nämlich psychische Symptombelastung; beide werden mit „Global Severity Index" (GSI bzw. GSI-9) abgekürzt. Die Kurzform hat bei leicht erhöhter Varianz einen vergleichbaren Mittelwert. – Sowohl GSI-9 als auch die Skala „Somatisierung" werden zu allen vier Untersuchungszeitpunkten eingesetzt und erfordern insgesamt ungefähr sieben Minuten Bearbeitungszeit.

3.8.2.6 Skala zum Erleben von Emotionen (SEE)

Die *Skala zum Erleben von Emotionen* (SEE; Behr & Becker, 2004) ist ein standardisiertes Verfahren zur Messung verschiedener Konstrukte der Emotions- bzw. Impuls-/Affektregulation, die in der personenzentrierten Persönlichkeitstheorie und der „Theorie der Emotionalen Intelligenz" begründet liegen. Der Begriff der „Emotionalen Intelligenz" wurde erstmals von Salovey und Mayer (1990) in die wissenschaftliche Diskussion eingeführt und beschreibt die Fähigkeit, eigene und fremde Gefühle wahrnehmen, verstehen und beeinflussen zu können. Gemessen wird über 42 Items mit fünfstufigen Antwortkategorien, welche sieben Skalen ergeben: „Akzeptanz eigener Emotionen", „Erleben von Emotionsüberflutung", „Erleben von Emotionsmangel", „Körperbezogene Symbolisierung von Emotionen", „Imaginative Symbolisierung von Emotionen", „Erleben von Emotionsregulation", „Erleben von Selbstkontrolle". Die Skalen der SEE sind nach Geschlecht, Alter und bestimmten Ethnien normiert, haben innere Konsistenzen von .70 bis .86 (Cronbach's α) und sind an klinischen Stichproben validiert. – Das Instrument kommt zu allen vier Messzeitpunkten zum Einsatz; die Bearbeitung erfordert etwa zehn Minuten.

Material und Methoden

3.8.2.7 Stationserfahrungsbogen (SEB)

Der *Stationserfahrungsbogen* (SEB; Sammet & Schauenburg, 1999) erfasst unterschiedliche Aspekte des Erlebens stationärer Psychotherapie sowie des Selbsterlebens und eignet sich zur Evaluation von stationären Behandlungsmaßnahmen. Der SEB-Fragebogen wurde zu t_2 eingesetzt, um eine Bewertung der Behandlungszufriedenheit zu ermöglichen. Er besteht im Original aus 38 sechsstufigen Items, seine sieben Skalen lauten: „Selbstwirksamkeit", „Beziehung zum therapeutischen Team", „Beziehung zum Einzeltherapeuten", „Gruppenklima", „Zuwendung durch Mitpatienten (Kohäsion)", „Angemessenheit der Behandlungsintensität" sowie „Akzeptanz der therapeutischen Rahmenordnung/Stationsordnung". Die Skalen des SEB haben innere Konsistenzen von .71 bis .85 (Cronbach's α) und sind an klinischen Stichproben validiert, meist an Patienten psychosomatischer Kliniken. Von diesen Stichproben sowie von Patienten einer Psychiatriestation für Persönlichkeits- und Belastungsstörungen liegen Vergleichswerte vor (Flügel, 2006), Validierungsstudien im engeren Sinne liegen nicht vor. Die Items wurden für den Einsatz in der TVS teilweise umformuliert. Die Bearbeitung des SEB erfordert etwa zehn Minuten.

3.8.2.8 Erreichung der Therapieziele – Selbsteinschätzung

Im Rahmen der Sitzungen der Zugangsgruppe auf der TVS Fuhlsbüttel wurden mit jedem Probanden individuelle Therapieziele für die Zeit auf der TVS erarbeitet. Um zu überprüfen, inwiefern die Probanden ihre Ziele verfolgt und erreicht haben, wurden in fünf Fragen zum zweiten Untersuchungszeitpunkt (t_2) folgende Bereiche abgefragt:

- individuelles Verfolgen der Therapieziele
- Wichtigkeit der Therapieziele
- Erreichen der Therapieziele
- Relevanz der Therapieziele für die Anschlussbehandlung nach der Haftzeit
- Unterstützung auf der TVS für die Zielerreichung

Jeder dieser Bereiche sollte von den Probanden für jedes Ziel einzeln auf einer Graduierung von 0 („gar nicht") bis 100 („sehr/total") eingeschätzt werden. Mit einer weiteren Frage sollte erhoben werden, ob und wenn ja, welche neuen Ziele sich im Laufe der Behandlungszeit für den Probanden ergeben hatten. – Der Frage-

Material und Methoden

bogen wurde zwar auf der TVS der JVA Fuhlsbüttel eingesetzt, konnte jedoch nicht ausgewertet werden, da die eingangs festgehaltenen Ziele der Probanden sehr allgemein formuliert waren und diese sich in den katamnestischen Befragungen nicht mehr darauf bezogen. In der JVA Billwerder konnten keine Daten zur Erreichung von Therapiezielen erhoben werden, da hier keine Zugangsgruppe angeboten wurde.

3.8.2.9 Erreichung der Therapieziele – Fremdeinschätzung

Am Ende der Behandlung auf der TVS sollten auch die Behandelnden das Erreichen der Therapieziele der Probanden über eine Frageliste mit vier Items einschätzen. Diese sollte möglichst von einer Person aus dem therapeutischen Team und einer Person aus dem allgemeinen Vollzugsdienst bearbeitet werden. Die Frageliste bezieht sich darauf, ob der Proband seine Ziele verfolgt bzw. erreicht hat, inwiefern das Ziel relevant für eine erfolgreiche Anschlussbehandlung nach der Haft erscheint und inwiefern die Behandlungsangebote auf der TVS die Zielerreichung unterstützen konnten. Wie auch in dem Selbsteinschätzungsbogen erfolgt hier die Einschätzung für jedes Ziel separat. Aus bereits in Abschnitt 3.8.2.8 beschriebenen Gründen fand diese Frageliste ebenfalls keine Anwendung.

3.8.2.10 Fragen zur Akupunkturbehandlung

Um die Wirkung des Akupunkturangebotes über den Behandlungszeitraum t_1-t_2 hinweg abschätzen zu können, wurde vom DZSKJ (Feldmann, Ziegelmüller & Thomasius, 2008d) eine kurze Fragenliste entwickelt, welche die Teilnehmer nach jeder Akupunktursitzung beantworten sollten. Dieser kam jedoch nicht zur Anwendung, da die Akupunkturgruppe nach zweimaliger Durchführung aufgrund mangelnder Teilnahmebereitschaft der Insassen eingestellt wurde (siehe Abschnitt 4.10).

3.8.2.11 Der Stundenbeurteilungsbogen (SB)

Der *Stundenbeurteilungsbogen* (SB; Schindler, Hohenberger-Sieber & Hahlweg, 1990a/b) dient ursprünglich der Beurteilung von Psychotherapiesitzungen. Die SB-Versionen bestehen aus 20 geschlossenen Items in vierstufigem Antwortformat; in

Material und Methoden

der Version für die Probanden werden Erwartungen an die Sitzung, die Transparenz des Vorgehens, die erlebte Aktivität und Zusammenarbeit sowie Aufbau von Selbstkontrolle, Zuversicht und Vertrauen erfragt. In der Version für die Therapeutinnen und Therapeuten wird ebenfalls nach der Erwartung an die Sitzung und ihrer stattgehabten Struktur und Stringenz gefragt, ferner nach der Motivierung der Teilnehmer, neuen Erkenntnisse und stattgehabten Fortschritten während der Therapie. Die globale Zufriedenheit mit der Sitzung wird über ein Item überprüft, dem man in Zehnerschritten abgestuft zustimmen kann. In zwei offenen Fragen kann festgehalten werden, was in der Sitzung als förderlich und als hinderlich erlebt wurde. Laut Manual wird jeweils ein einfacher Summenwert gebildet, dessen innere Konsistenz (Cronbach's α) bei .88 für den Patientenbogen und .93 für den Therapeutenbogen liegt. – Der SB wurde zur Evaluation der Sitzungen zum Fertigkeitentraining und Rückfallprophylaxe-Training verwendet.

3.9 Statistische Auswertungen

3.9.1 Verwendete Datenanalyseverfahren

Die Datenanalysen wurden deskriptiv und *qua Inspektion* durchgeführt, wo aufgrund niedriger Fallzahlen oder nicht erfüllter statistischer Voraussetzungen Signifikanzprüfungen nicht zulässig waren; dies betrifft vor allem die Analyse der Sitzungen des Fertigkeitentrainings über die Stundenbeurteilungsbogen, welche die Studienteilnehmer ausfüllten. Für die Analysen dieses Berichtes wurden die Skalen der verwendeten Fragebögen entsprechend den jeweiligen Manualen als voneinander unabhängig aufgefasst. Auswertungen, welche die möglichen Interkorrelationen der Skalen berücksichtigen, bleiben einer separaten Publikation vorbehalten. Eine *Intention-to-treat-Analyse* (ITT) wurde nicht vorgenommen, denn es lagen zu wenige Fälle für eine erforderliche „Multiple Imputation" der Missings vor und es gab keine Anhaltspunkte zu entscheiden, inwiefern unveränderte oder nicht auch verschlechterte Werte anzunehmen seien. Es wurden ferner Standardverfahren eingesetzt bis auf zwei Fälle: (1) Die Übereinstimmung im Erleben des Fertigkeitentrainings wurde über die Daten des Stundenbeurteilungsbogens (SB) mit dem Intraklassenkoeffizienten (ICC) überprüft (Wirtz & Caspar, 2002). Dabei wurde auf Konsistenz, nicht auf absolute Übereinstimmung geprüft. Shrout (1998) hat Kennwerte der Interpretation vorgeschlagen, etwa ein ICC > .40 als angemessen anzunehmen (im Original *„fair"*). (2) Die hier vorgenommenen Mittelwertvergleiche über die Zeitpunkte t_1-t_2 sowie t_1-t_2-t_3-t_4 beruhen auf Kovarianzanalysen (AN-

Material und Methoden

COVAs; Stevens, 2002), sodass Baseline-Adjustierungen vorgenommen werden konnten. Ein Nebeneffekt der Baseline-Adjustierung ist ein Zugewinn an statistischer Power (Vickers & Altman, 2001). Dementsprechend werden im Ergebnisteil auch Unterschiede als signifikant berichtet, die *qua Inspektion* als nur gering erscheinen. Für die in dieser Studie vorliegenden Stichprobengrößen wären ohne diese Adjustierung für $\alpha = .05$ und $1-\beta = .80$ allenfalls große Effekte nachweisbar, mittlere würde man übersehen (Bortz & Döring, 2006). Alle Effektstärken werden einheitlich in eta^2 angegeben.

▸ *Darstellung der Längsschnittanalysen*
Die späteren Darstellungen der Resultate im Ergebnisteil folgen dem Prinzip:

1. Vergleich t_1 zu t_2 gemäß ANCOVA-Resultaten, basierend auf n = 24
2. Deskription der Werte von t_1 zu t_4, basierend auf $n_{t1-t2} = 24$, $n_{t2-t3} = 21$ und $n_{t3-t4} = 18$
3. Die Resultate des Vergleichs t_1-t_2-t_3-t_4 gemäß ANCOVA-Resultaten, basierend auf n = 18 werden separat im Anhang C berichtet.

Zu 1.: Es sollte die Information aus den maximalen Fallzahlen zu t_2 berücksichtigt werden. *Zu 2.*: Diese Vergleiche werden zwar aus Längsschnittperspektive durchgeführt, sind aber Querschnittsvergleiche über vier Messzeitpunkte hinweg. *Zu 3.*: Der eigentliche Längsschnittvergleich der ANCOVA-Resultate über die Messzeitpunkte t_1 bis t_4 beruht auf nur 18 Fällen pro Messzeitpunkt, da eine Messwiederholungsanalyse nur diejenigen Fälle mit einbezieht, von denen alle Daten zu allen Zeitpunkten vorliegen – und dies waren zu t_4 n = 18.

Die Datenanalysen erfolgten insgesamt auf Windowsplattform mit „PASW Statistics 18" (2009; vormals SPSS; www.spss.com/).

3.9.2 Klinische Signifikanz und Reliable-Change-Indizes

In Evaluationsstudien wird im Regelfall die durchschnittliche Besserung *auf Gruppenebene* als Indikator für den Effekt einer Intervention verwendet. Solche Angaben erfolgen im Ergebnisteil auch dieses Berichts, nachdem alle Resultate auf Gruppenebene dargestellt wurden. Ergänzend soll jedoch auch das Ausmaß von stattgehabten *individuellen* Besserungen erfasst werden, was unter zwei Gesichtspunkten möglich wäre: zum einen bei Angabe der *klinischen Signifikanz*, wonach ein Experte einstuft, inwiefern ein positiver Einfluss auf das Leben des Patienten

Material und Methoden

durch die Intervention erreicht wird (Kazdin, 1999). Dieses Konzept gilt wegen der ihm eigenen Subjektivität als nur schwer operationalisierbar, trotz seiner großen praktischen Bedeutung (Jacobson, Follette & Revensdorf, 1984). Es lässt sich zum anderen aber z. B. bei Prä-Post-Messungen eine etwaige Besserung *statistisch signifikant* erfassen, wofür die sogenannten *Reliable-Change-Indizes* (RCIs) entwickelt wurden. Hiervon gibt es eine Reihe, welche jeweils unterschiedliche Besserungsquoten ergeben (Hafkenscheid, 2000); hier wird als RCI das Maß V_{infer} (Steyer, Hannöver, Telser & Kriebel, 1997) verwendet, welches unterschiedliche Reliabilitäten der eingesetzten Messinstrumente berücksichtigt. V_{infer} ist für den Fall definiert, dass *sinkende* Werte eine Besserung des Zustands indizieren, und wurde für den umgekehrten Fall (*steigende* Werte indizieren eine Besserung) jeweils angepasst. Ebenfalls wurden bei Korrelationen der Messwertreihen um Null ($r \leq .01$) die entsprechenden Korrekturglieder entfernt, da sich sonst unsinnige Werte ergeben. V_{infer} gibt an, wie viel Prozent der Studienteilnehmer sich überzufällig (mit 5 % Irrtumswahrscheinlichkeit) gebessert haben. V_{infer} liefert als Maß individueller Veränderung eine zusätzliche Information zum Signifikanztest mit Effektstärke auf Gruppenebene. Es können sich dem Konzept der RCIs gemäß durchaus einzelne Individuen signifikant ändern, selbst wenn sich auf Gruppenebene keine Veränderung ergibt.

4 Ergebnisse der summativen Evaluation
S. S. Kindermann, P.-M. Sack, Ch. Baldus
unter Mitarbeit von I. Rosch und J. Zill

Im Folgenden werden die Ergebnisse en détail berichtet, in Abschnitt 4.15 wird ein zusammenfassender Ergebnisüberblick gegeben.

4.1 Rekrutierung der Stichprobe

Im Laufe des Jahres 2009 wurden insgesamt 16 Insassen auf die TVS Fuhlsbüttel aufgenommen. Davon hatten sich 15 bereit erklärt, an der Studie teilzunehmen. Ein Insasse sah seinen Datenschutz nicht ausreichend gewährleistet und verweigerte daher die Teilnahme. Zwei Insassen aus dem Jahr 2008 wurden außerdem in die Evaluation mit einbezogen, sodass sich eine Gesamtzahl von 17 Studienteilnehmern ergab. Diese durchliefen das Fertigkeitentraining in zwei Gruppen (mit je sechs bzw. neun Teilnehmern).

Nach Verlegung des Projektes in die JVA Billwerder zum 01.01.2010 startete ein weiterer Durchlauf des Fertigkeiten- und des Rückfallprophylaxe-Trainings mit einer dritten Gruppe. Infrage kamen hierfür Insassen, die im Dezember 2009 und Januar 2010 auf die TVS aufgenommen wurden. Von den zehn möglichen Kandidaten stimmten alle einer Teilnahme zu und gaben den ausgefüllten t_1-Fragebogen ab. Ein Insasse beendete jedoch bereits innerhalb der ersten zwei Tage das Programm vorzeitig, sodass die endgültige Gruppengröße n = 9 Teilnehmer betrug. Die Gesamtstichprobe bestand also zum Zeitpunkt t_1 aus N = 26 Studienteilnehmern, die sich aus je einer Teilstichprobe von 17 Studienteilnehmern aus der TVS Fuhlsbüttel und neun Studienteilnehmern aus der TVS Billwerder zusammensetzte.

Ergebnisse der summativen Evaluation

4.2 Soziodemografische Merkmale der Stichprobe zum Zeitpunkt t_1

▸ *Geschlecht, Alter und Nationalität*

Alle Studienteilnehmer sind männlich. Der Altersdurchschnitt der Probanden liegt zum Zeitpunkt t_1 bei 33,35 Jahren ($SD = 9,41$), die Alterspanne reicht von 22 bis 60 Jahren (siehe Tabelle 3), die Mehrheit der Insassen ist unter 30 Jahre alt (58,8 %). In Abbildung 1 sind die Studienteilnehmer in Alterskategorien eingeteilt.

Tabelle 3
Alter der Studienteilnehmer

TVS	n	Minimum	Maximum	Mittelwert	Standard-abweichung
TVS Fuhlsbüttel	17	22	60	33,00	10,65
TVS Billwerder	9	27	48	34,00	7,00
Gesamt	26	22	60	33,35	9,41

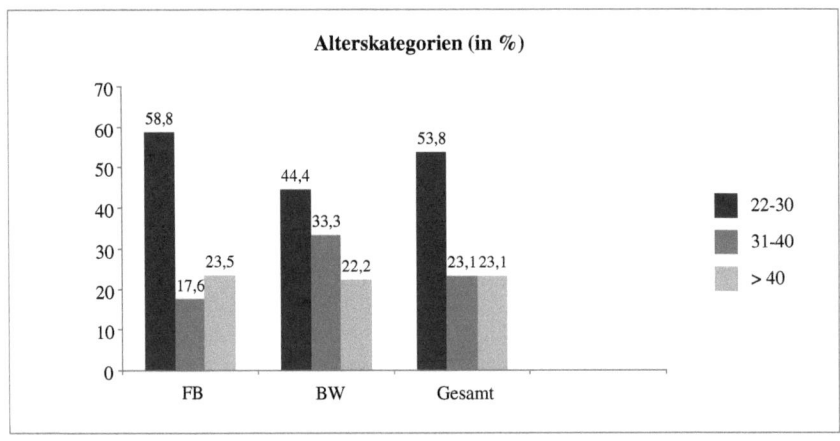

Abbildung 1 *Alterskategorien der Studienteilnehmer (in %)*

Anmerkungen. FB = TVS Fuhlsbüttel, BW = TVS Billwerder.

Es besitzen 19 Studienteilnehmer die deutsche Staatsbürgerschaft (73,3 %), wobei der prozentuale Anteil deutschstämmiger Insassen bezogen auf die jeweilige Stichprobengröße auf der TVS der JVA Billwerder größer ist als auf der TVS der JVA Fuhlsbüttel. Zwei Studienteilnehmer (7,7 %) haben eine türkische Staatsbürgerschaft, vier (15,2 %) stammen aus einem afrikanischen Land und ein Studienteilnehmer ist iranischer Abstammung (3,8 %).

▸ *Haftvorerfahrungen*
Im Durchschnitt verbüßten die Studienteilnehmer in der Vergangenheit 3,5 Haftstrafen ($SD = 2,75$), lediglich zwei Personen waren zum Zeitpunkt der vorliegenden Untersuchung erstinhaftiert und werden daher in Tabelle 4 nicht mit aufgeführt.

Tabelle 4
Haftvorerfahrungen der Studienteilnehmer

TVS	n	Minimum	Maximum	Mittelwert	Standardabweichung
TVS Fuhlsbüttel	17	1	8	2,94	2,01
TVS Billwerder	7	1	12	4,86	3,89
Gesamt	24	0	12	3,50	2,75

▸ *Therapievorerfahrungen*
Ein Großteil der Studienteilnehmer (11 Personen, das entspricht einem relativen Anteil von 42,3 % der Gesamtstichprobe) hat im Vorfeld der vorliegenden Untersuchung noch keinen Therapieversuch zur Behandlung einer Suchtstörung unternommen. Sieben Studienteilnehmer geben an, schon einmal eine Therapie gemacht zu haben (26,9 %), vier (15,4 %) berichten zwei Therapieversuche und weitere vier Studienteilnehmer berichten von drei oder mehr suchtspezifischen Therapien (siehe Tabelle 5). Die Hälfte gibt an, die bisherigen Therapieversuche abgebrochen zu haben, lediglich zwei Studienteilnehmer haben eine Therapie regulär beendet, die weiteren Teilnehmer (42,3 %) machten dazu keine Angaben.

Ergebnisse der summativen Evaluation

Tabelle 5
Anzahl der Therapieversuche zur Behandlung der eigenen Suchtstörung

Anzahl der Therapien	TVS Fuhlsbüttel		TVS Billwerder		Gesamt	
	Häufigkeit	%	Häufigkeit	%	Häufigkeit	%
0	10	58,5	1	11,1	11	42,3
1	2	11,8	5	55,6	7	26,9
2	3	17,6	1	11,1	4	15,4
3	2	11,8	-	-	2	7,7
4	-	-	1	11,1	1	3,8
5	-	-	1	11,1	1	3,8
Gesamt	17	100	9	100	26	100

▶ *Alter bei Erstinhaftierung und Länge der aktuellen Haftstrafe*
Der Altersdurchschnitt der Studienteilnehmer bei Erstinhaftierung beträgt 23,4 Jahre mit einer Altersspannweite von 15 bis 44 Jahren. Zwölf Studienteilnehmer sind zum Zeitpunkt ihrer Erstinhaftierung zwischen 15 und 20 Jahre alt (46,2 %), zehn zwischen 20 und 30 Jahre (38,5 %) und vier (15,4 %) wurden erstmals nach ihrem 30. Lebensjahr inhaftiert (siehe Abbildung 2). Auch die Dauer der entsprechend der Deliktschwere insgesamt zu verbüßenden Haftstrafen unterscheidet sich erheblich, sie liegt zwischen 26 und 180 Monaten auf der TVS Fuhlsbüttel (im Durchschnitt 56 Monate) und zwischen zwei und sechs Monaten auf der TVS Billwerder (im Durchschnitt 3,6 Monate).

Ergebnisse der summativen Evaluation

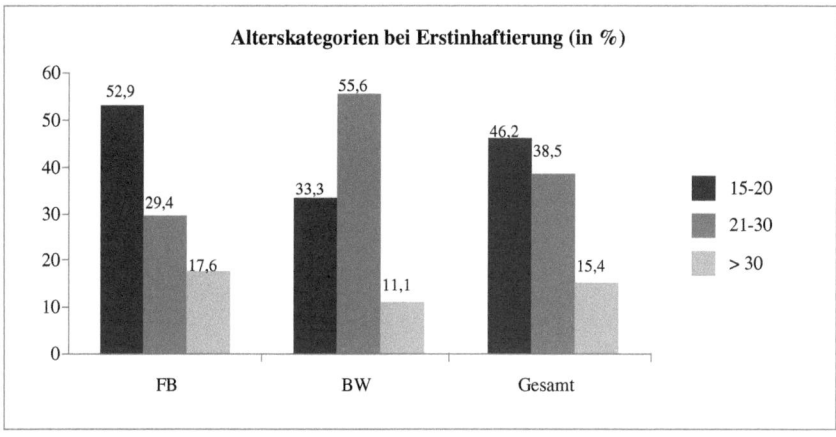

Abbildung 2 *Alterskategorien der Studienteilnehmer bei Erstinhaftierung (in %)*

Anmerkungen. FB = TVS Fuhlsbüttel, BW = TVS Billwerder.

▸ *Haftgründe*

Die Gründe der aktuellen Inhaftierung zum Zeitpunkt der Datenerhebung werden aus Abbildung 3 ersichtlich, am häufigsten handelt es sich dabei um Verstöße gegen das Betäubungsmittelgesetz (46,2 % der Befragten) und Raubdelikte, d. h. Diebstahl unter Anwendung oder Androhung von Gewalt (23,1 %).

Ergebnisse der summativen Evaluation

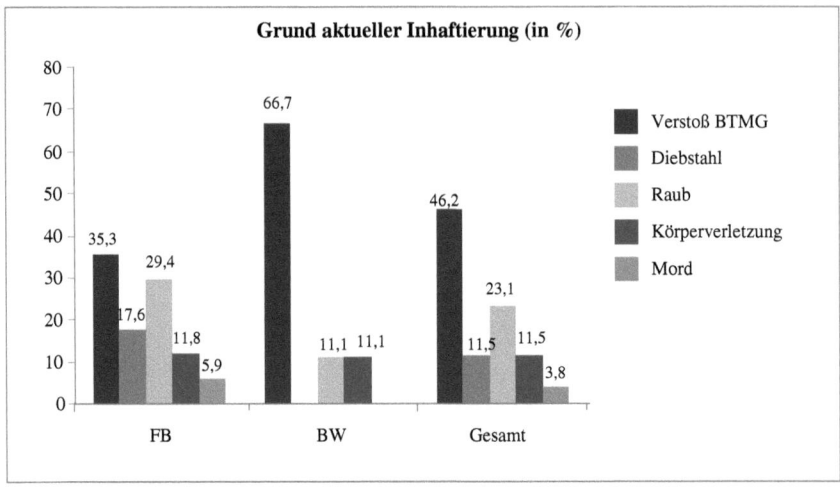

Abbildung 3 *Grund aktueller Inhaftierung der Studienteilnehmer (in %)*

Anmerkungen. Ein Proband hat keine Angaben gemacht.
FB = TVS Fuhlsbüttel, BW = TVS Billwerder

▶ *Schulbildung*

Die Hälfte aller Studienteilnehmer verfügt über keinen Schulabschluss, wobei der Anteil der Studienteilnehmer ohne Schulabschluss in der TVS Fuhlsbüttel 70,6 % beträgt und 11,1 % in der TVS Billwerder. Acht Personen (30,8 %) der Gesamtstichprobe haben einen Hauptschulabschluss, jeweils zwei verfügen über einen Realschulabschluss bzw. haben das Abitur absolviert (Details siehe Abbildung 4).

Ergebnisse der summativen Evaluation

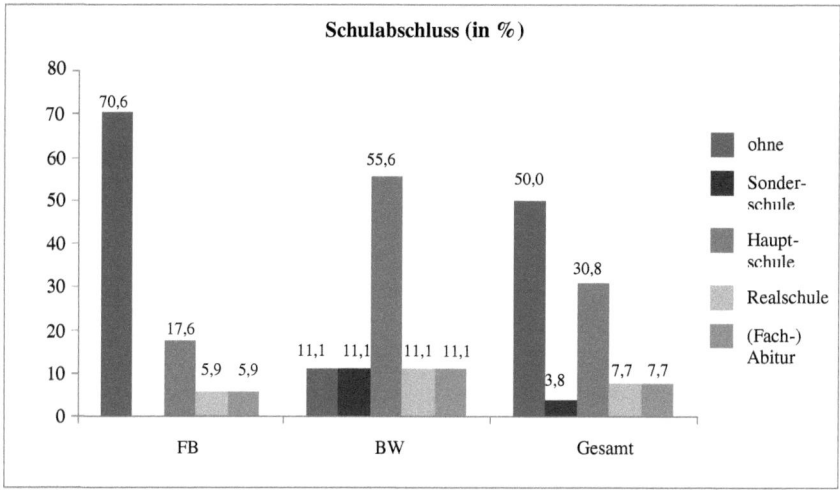

Abbildung 4 *Höchster erreichter Schulabschluss (in %)*

Anmerkungen. FB = TVS Fuhlsbüttel, BW = TVS Billwerder.

▶ *Berufsausbildung*

Die meisten Studienteilnehmer haben entweder keine Berufsausbildung begonnen oder diese nicht abgeschlossen (65,4 %), acht verfügen über eine Berufsausbildung, davon hat die Hälfte eine Lehre in Haft absolviert. Eine Person kann einen Fachhochschulabschluss (FH) nachweisen (siehe Abbildung 5).

43

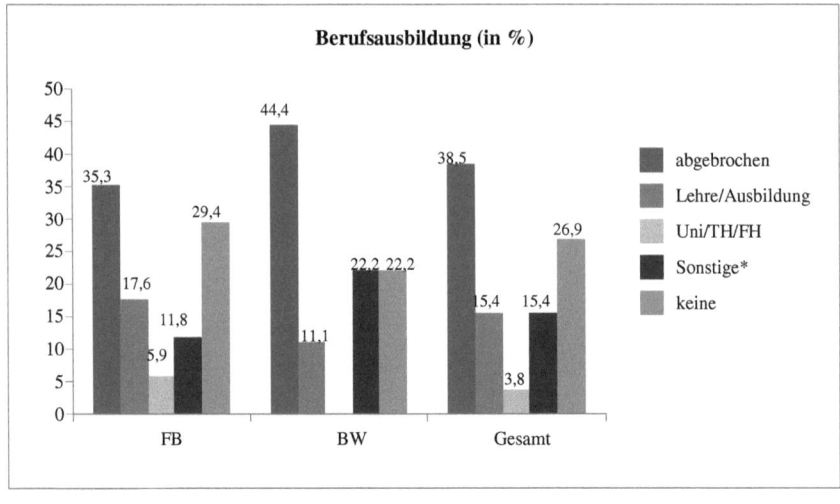

Abbildung 5 *Berufsausbildung der Studienteilnehmer (in %)*

Anmerkungen. FB = TVS Fuhlsbüttel, BW = TVS Billwerder.
TH = Technische Hochschule, FH = Fachhochschule. Sonstige* = Lehre in Haft angefangen oder Metall-Lehrgang oder angelernter Tischler.

▸ *Einkommensverhältnisse (bei Haftantritt)*
Die Hälfte der Studienteilnehmer bezieht Einkommen aus Arbeitslosengeld I bzw. Hartz IV, drei Studienteilnehmer sind erwerbstätig bzw. selbstständig, zwei werden durch Angehörige unterstützt und vier geben sonstige Einkünfte an. Bis auf drei Personen sind alle Studienteilnehmer verschuldet, 34,6 % in einer Höhe von 5 000 bis 25 000 Euro, 26,9 % in einer Höhe von 25 000 bis 50 000 Euro.

▸ *Familiärer Hintergrund und Wohnsituation*
Ein Großteil der Studienteilnehmer ist bei den Eltern oder zumindest bei einem Elternteil aufgewachsen (72,3 %), vier haben ihre Kindheit bei den Großeltern verbracht (13,8 %), weitere vier (13,8 %) sind im Heim groß geworden (hier sind Mehrfachnennungen möglich). Die Hälfte stammt aus einer suchtbelasteten Familie und hat nach eigenen Angaben Gewalt und andere Misshandlungen in der Ursprungsfamilie erfahren. Zum Zeitpunkt der Untersuchung haben acht Studienteilnehmer keinen Kontakt mehr zu ihren leiblichen Eltern. Sieben Studienteilnehmer haben unmittelbar vor der Inhaftierung noch bei ihren Eltern gewohnt (26,9 %),

neun lebten alleine (34,6 %), fünf gemeinsam mit einer Partnerin (19,2 %) und drei wohnten zuvor in einem Asylbewerberheim (11,5 %). Zwei Studienteilnehmer geben zu Beginn der Untersuchung an, keinen festen Wohnsitz zu haben (7,7 %).

4.3 „Drop-outs", Haltequote und katamnestische Erreichbarkeit

▸ *Haltequote*
Von den für die Studie rekrutierten und zum Zeitpunkt der t_1-Erhebung am Behandlungsprogramm auf der jeweiligen TVS teilnehmenden 26 Insassen sind zwei Studienteilnehmer noch vor Beendigung der Maßnahme aus der Untersuchung ausgeschieden. Einer der beiden Insassen wurde in den offenen Vollzug verlegt und verweigerte daraufhin die Fortführung der Teilnahme an der Studie, bei dem anderen wurden in UKs bei Beginn der Maßnahme festgestellt, dass vier Urinproben verwässert und zwei positiv waren, sodass er die TVS vorzeitig verlassen musste. Auch er verweigerte die weitere Teilnahme an der Studie. Zu t_2 liegen also Daten von n = 24 Probanden vor.

Die erste Katamneseerhebung t_3 fand drei Monate nach Abschluss der Therapievorbereitung auf der TVS statt. Es konnten 21 Studienteilnehmer erneut befragt werden.

▸ *Nachforschungen zum Aufenthaltsstatus zu t_3*
Ein Studienteilnehmer hat die Maßnahme auf der TVS nicht regulär beendet, da er auf eigenen Wunsch aufgrund einer positiven Urinkontrolle in den Regelvollzug rückverlegt wurde. Dort füllte er, ein Analphabet, mit fremder Hilfe den t_2-Fragebogen aus. Ende August 2009 wurde der Teilnehmer nach § 57/1 BtMG auf Bewährung in die „Pyramide" („Therapiehilfe Bremen e. V.") entlassen. Die Therapie dort hat er nach einer Woche aufgrund einer positiven Urinkontrolle abgebrochen. Er wurde erneut straffällig und ist in Untersuchungshaft genommen worden. Die Beantwortung der Katamnese-Fragebögen mit fremder Hilfe lehnte er dort ab.

Die beiden anderen Studienteilnehmer, deren Daten fehlen, haben bis zum regulären Ende am Therapieprogramm teilgenommen. Einer der Probanden verweigerte schon im Vollzug die Beantwortung von Fragebögen, trotzdem wurde ihm der t_3-Fragebogen in eine Therapieeinrichtung des Trägers „Jugend hilft Jugend e. V." zugesandt, in die er im Anschluss an den Vollzug entlassen worden ist. Den dortigen Aufenthalt hatte er jedoch aufgrund einer positiven Urinkontrolle bereits wieder beendet. Weitere Nachforschungen nach seinem Aufenthaltsort, auch eine Melderegisteranfrage, ergaben keine Informationen zu seinem neuen Wohnsitz. Der

Ergebnisse der summativen Evaluation

zweite dieser Probanden hatte direkt im Anschluss an die Maßnahme auf der TVS die Teilnahme an den Katamnesebefragungen verweigert und wurde auf eigenen Wunsch wieder in den Regelvollzug verlegt. Alle Versuche, ihn persönlich für die fortlaufende Teilnahme an der Evaluation zu motivieren, blieben erfolglos, da er zeitweise starke depressive Episoden hatte, in denen ihm jegliche Handlungen als perspektivlos erschienen.

▶ *Nachforschungen zum Aufenthaltsstatus zu t_4*
Ein Studienteilnehmer, der noch zu t_3 erreicht wurde, hatte im Anschluss an den Vollzug im Oktober 2010 eine Therapie am „Therapeutischen Hof Toppenstedt" begonnen, diese aber nach ungefähr einem Monat abgebrochen. Eine Melderegisteranfrage blieb ohne Erfolg, auch die Therapieeinrichtung konnte keine Auskunft über den Verbleib des Gesuchten geben. – Für die Gesamtstichprobe ergeben sich die in Tabelle 6 dargestellten Werte für die Haltequote zu t_2 sowie die katamnestische Erreichbarkeit zu t_3 und t_4.

Tabelle 6
Haltequote und katamnestische Erreichbarkeit bezogen auf die Gesamtstichprobe N = 26

Messzeitpunkt	Fälle (n)	Haltequote der Erreichten (in %)	Verbleib unklar (n)
t_1	26	--	--
t_2	24	92.3	--
t_3	21	80.8	--
t_4	18	69.2	1

4.4 Vermittlung in weiterführende Behandlungsmaßnahmen

4.4.1 Aufsuchen einer Anschlussbehandlung zu t_3

Zu den beiden ersten Testzeitpunkten t_1 und t_2 befanden sich alle Studienteilnehmer in Haft und haben am Behandlungsprogramm auf der jeweiligen TVS teilgenommen. Zur ersten Katamneseerhebung zum Messzeitpunkt t_3 waren noch 11 Studienteilnehmer (42,3 %) inhaftiert, davon neun im Vollzug (34,6 %) und zwei im offenen Vollzug (7,7 %). Acht Studienteilnehmer (30,8 %) befanden sich in Freiheit, vier in einer Therapieeinrichtung (15,4 %), drei (11,5 %) machten hierzu keine

Angaben. Damit ist der Aufenthaltsstatus von allen 26 Studienteilnehmern der Gesamtstichprobe zu t_3 bekannt. Rückmeldungen gaben insgesamt 88,5 % des Untersuchungskollektivs. – Abbildung 6 gibt den Aufenthaltsstatus der Studienteilnehmer zu t_3 im Überblick wieder, in Tabelle 7 ist er detailliert in Prozentwerten aufgeführt.

Tabelle 7
Aufenthaltsstatus der Studienteilnehmer zur Katamneseerhebung t_3 / Teilnahme an weiterführenden therapeutischen Maßnahmen bezogen auf N = 26

Aufenthaltsstatus zu t_3	TVS Fuhlsbüttel		TVS Billwerder		Gesamt	
	Häufigkeit	%	Häufigkeit	%	Häufigkeit	%
Vollzug	7	41,2	2	22,2	9	34,6
Offener Vollzug	2	11,8	-	-	2	7,7
Gesamt	9	53,0	2	22,3	11	42,3
Freiheit*	4	23,5	4	44,4	8	30,8
Therapieeinrichtung	1	5,9	3	33,3	4	15,4
Nicht bekannt	3	17,6	-	-	3	11,5
Gesamt	8	47,0	7	77,7	15	57,7
Gesamtstichprobe	17	65,4	9	34,6	26	100,0

Anmerkungen. *Freiheit, aber Therapiestatus nicht bekannt.

Ergebnisse der summativen Evaluation

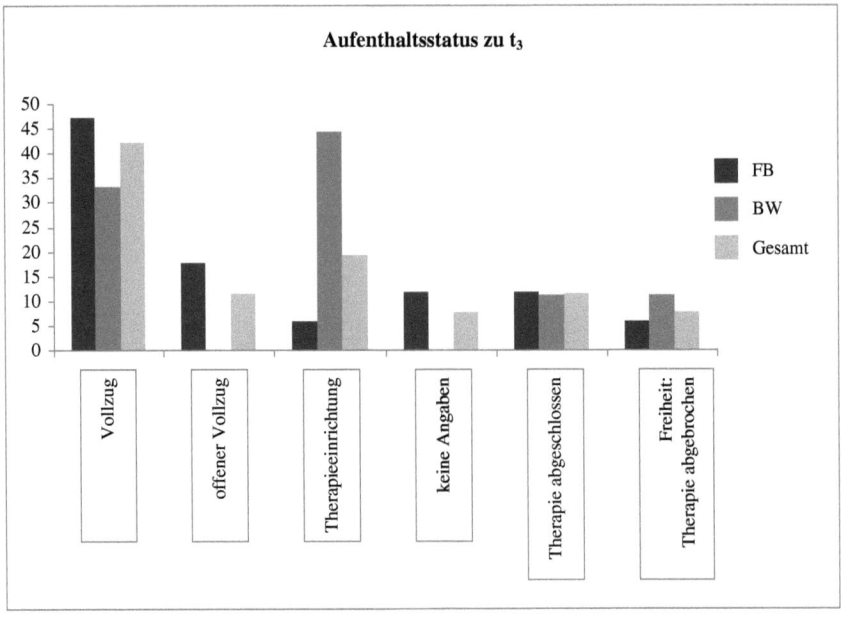

Abbildung 6 *Aufenthaltsstatus der Studienteilnehmer zur Katamneseerhebung t_3 (in %)*

Anmerkungen. FB = TVS Fuhlsbüttel, BW = TVS Billwerder.

4.4.2 Teilnahme und Haltequoten in den Anschlussbehandlungen zu t_4

Zum zweiten Katamnesezeitpunkt t_4 befanden sich noch acht Studienteilnehmer (30,8 %) im Vollzug bzw. im offenen Vollzug, davon sieben in der JVA Fuhlsbüttel und ein Teilnehmer in der JVA Billwerder. Fünf Studienteilnehmer haben zum t_4-Testzeitpunkt eine Therapie erfolgreich abgeschlossen (19,2 %), sechs haben eine Therapie begonnen, diese jedoch wieder abgebrochen (23,1 %) und sieben Teilnehmer (26,9 %) haben diesbezüglich keine Angaben gemacht. Insgesamt ist zu t_4 der Verbleib von 19 der ursprünglich 26 Studienteilnehmer zu t_1 bekannt, was einem Anteil von 73,1 % entspricht.

Abbildung 7 gibt den Aufenthaltsstatus der Studienteilnehmer zu t_4 im Überblick wieder, in Tabelle 8 sind Aufenthaltsstatus sowie Haltequote in der jeweiligen Therapie in Prozentwerten aufgeführt.

Ergebnisse der summativen Evaluation

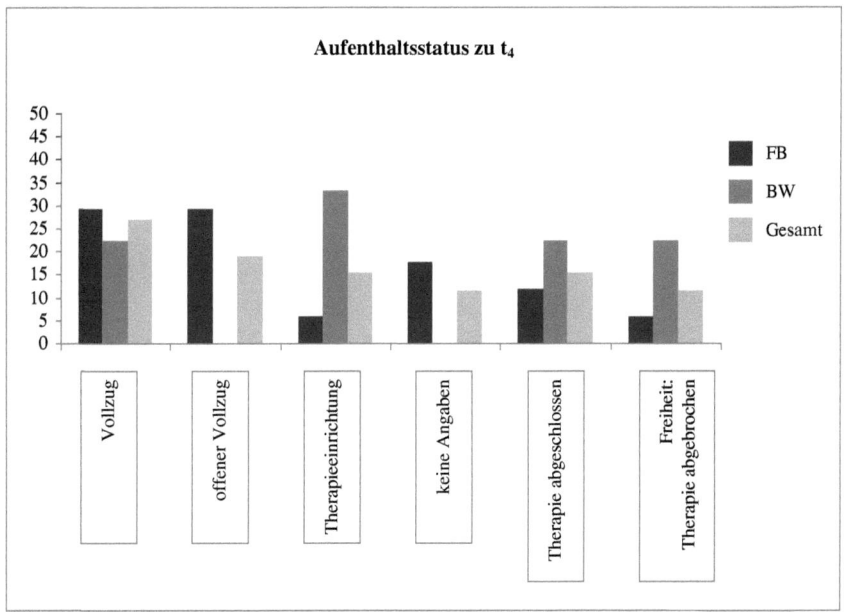

Abbildung 7 *Aufenthaltsstatus der Studienteilnehmer zur Katamneseerhebung t_4 / Haltequoten in Anschlussbehandlungen (in %)*

Anmerkungen. FB = TVS Fuhlsbüttel, BW = TVS Billwerder.

Ergebnisse der summativen Evaluation

Tabelle 8
Aufenthaltsstatus der Studienteilnehmer zur Katamneseerhebung t_4 / Haltequoten in Anschlussbehandlungen bezogen auf N = 26

Aufenthaltsstatus zu t_4	TVS Fuhlsbüttel		TVS Billwerder		Gesamt	
	Häufigkeit	%	Häufigkeit	%	Häufigkeit	%
Noch im Vollzug bzw. offenen Vollzug	7	41,1	1	11,1	8	30,8
Haltequote in der Therapie zu t_4						
Therapie erfolgreich abgeschlossen	2	11,8	3	33,3	5	19,2
Therapie abgebrochen	2	11,8	4	44,4	6	23,1
Nicht bekannt	6	35,3	1	11,1	7	26,9
Gesamt	10	58,9	8	88,9	18	69,2
Gesamtstichprobe	17	65,4	9	34,6	26	100,0

Bei Studienende haben damit insgesamt 15 Studienteilnehmer im Anschluss an die TVS-Maßnahme – je nach Entlassungsstatus entweder bereits zum Zeitpunkt t_3 oder später zu t_4 – eine Anschlussbehandlung zu ihrer Suchtproblematik begonnen. Prozentual ausgedrückt, waren dies 33,3 % (t_3) und 61,1 % (t_4) von denen, die sich zur jeweiligen Katamneseerhebung in Freiheit befanden (vgl. Tabelle 9).

Tabelle 9
Tatsächliche Inanspruchnahme einer therapeutischen Anschlussbehandlung

Messzeitpunkt	TVS Fuhlsbüttel	TVS Billwerder	Gesamt
	%	%	%
t_3	12.5	42.9	33.3
t_4	40.0	87.5	61.1

Anmerkungen. Die Werte zu t_4 sind kumuliert von t_3 bis t_4 inklusive.

Ergebnisse der summativen Evaluation

Abbildung 8 gibt wieder, inwieweit eine therapeutische Anschlussbehandlung zum individuellen Entlassungszeitpunkt bereits vorgeplant war. Danach lag für alle 76,9 % aus der Haft bzw. in den offenen Vollzug entlassenen Studienteilnehmer eine Möglichkeit für eine Anschlussbehandlung vor.

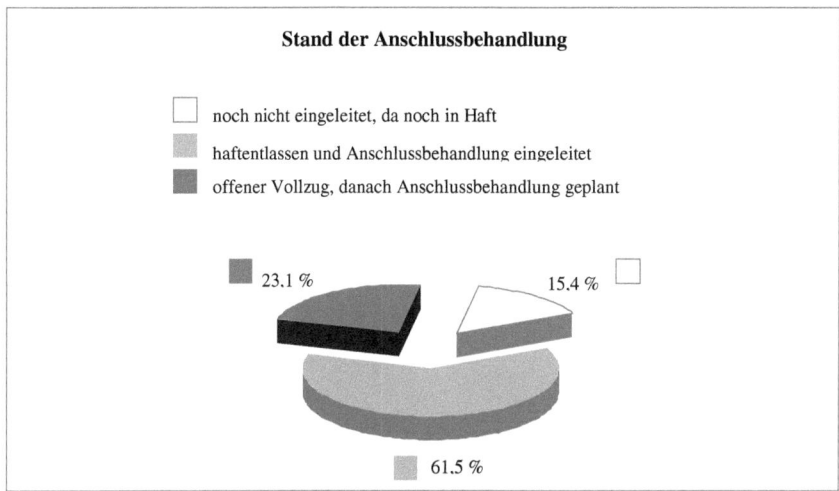

Abbildung 8 *Eingeleitete und geplante Anschlussbehandlungen zum jeweiligen individuellen Entlassungszeitpunkt bezogen auf die Gesamtstichprobe (in %)*

Es haben zudem 45,5 % derjenigen, die eine Anschlussbehandlung begannen, diese regulär beendet. Diese Haltequote kann nicht mehr allein auf die Maßnahme „TVS" zurückgeführt werden, da hier Einflussgrößen wie die Art der Behandlung, das Verhältnis zum Therapeuten und die soziale Unterstützung wirksam werden und daher zur Beurteilung des Gelingens einer therapeutischen Intervention bzw. der Gründe für ihr Scheitern zu berücksichtigen wären. Diese Informationen wurden in der vorliegenden Studie nicht mehr eingeholt.

Zusammenfassend konnte also mit der Behandlungsmaßnahme „TVS" bei 61,1 % der teilnehmenden Insassen nicht nur eine Bereitschaft erwirkt werden, sich nach der Haftentlassung in eine weiterführende Therapie zu begeben, sondern diese Bereitschaft auch tatsächlich umzusetzen. Hiefür wäre bei Studienende ein Maximum von 76,9 % der Teilnehmer infrage gekommen (23,1 % befanden sich noch in Haft).

51

4.5 Standardisierte Diagnostik von Substanzkonsum und Psychopathologie

4.5.1 Art des Substanzkonsums

Die Drogenanamnese (Feldmann, Ziegelmüller & Thomasius, 2008a) ergab, dass die Studienteilnehmer vor ihrer Inhaftierung vor allem Alkohol und Cannabis konsumierten. Acht der insgesamt 26 Befragten gaben Alkohol als ihr Hauptsuchtmittel an (30,8 %), neun Studienteilnehmer benannten Cannabis (34,6 %) als ihre Hauptdroge. Davon sind jeweils sieben in der TVS Fuhlsbüttel untergebracht. In der TVS Billwerder zeigte sich ein deutlich heterogeneres Bild der Suchtmittelpräferenz als in der TVS Fuhlsbüttel (siehe Tabelle 10).

Tabelle 10
Hauptsuchtmittel

Hauptsuchtmittel	TVS Fuhlsbüttel		TVS Billwerder		Gesamt	
	Häufigkeit	%	Häufigkeit	%	Häufigkeit	%
Alkohol	7	41,2	1	11,1	8	30,8
Cannabis	7	41,2	2	22,2	9	34,6
Heroin	3	17,6	2	22,2	5	19,2
Substitutionsmittel	-	-	2	22,2	2	7,7
Crack	-	-	2	22,2	2	7,7
Gesamt	17	100	9	100	26	100

Die Mehrheit der Studienteilnehmer hat während ihrer Zeit auf der TVS nach eigenen Angaben keine Drogen konsumiert (69,2 % der Gesamtstichprobe). Fünf gaben zu, konsumiert zu haben (19,2 %), drei machten keine Angaben (11,5 %). Am häufigsten wurden Substitutionsmittel eingenommen, gefolgt von Cannabis. In den letzten vier Wochen nach ihrer Entlassung aus der Haft / von der TVS haben 14 Studienteilnehmer (53,8 %) keine Drogen mehr genommen, sieben (26,9 %) machten keine Angaben und fünf (19,2 %) bejahten einen Drogenkonsum im genannten Zeitraum.

4.5.2 Ergebnisse des Strukturierten Klinischen Interviews (SKID-I und SKID-II)

Zur standardisierten Diagnostik von psychischen Störungen wurde zu t_1 das „Strukturierte Klinische Interview" nach dem SKID (Wittchen et al., 1997) für Achse I-Störungen und Achse II-Störungen mit den Studienteilnehmern durchgeführt. Wie bereits im Methodenteil erwähnt, wurden die Aktualprävalenzen erhoben und die vergebenen DSM-IV-Diagnosen vom interviewenden Therapeuten nach ICD-10 umkodiert.

4.5.2.1 Suchtdiagnosen

Für 16 Studienteilnehmer wurde eine Diagnose „Psychische und Verhaltensstörungen durch multiplen Substanzgebrauch und Konsum anderer psychotroper Substanzen – Abhängigkeitssyndrom" (F19.2) vergeben. Das entspricht einem prozentualen Anteil von 61,5 % der Gesamtstichprobe, auf den der polyvalente Missbrauch von Substanzen aus drei oder mehr Substanzgruppen über einen Zeitraum von mindestens 12 Monaten zutrifft. Eine Übersicht über die Auftretenshäufigkeit weiterer psychischer Störungen in Zusammenhang Substanzgebrauch liefert Abbildung 9. Substituierte Insassen haben nicht an der Studie teilgenommen.

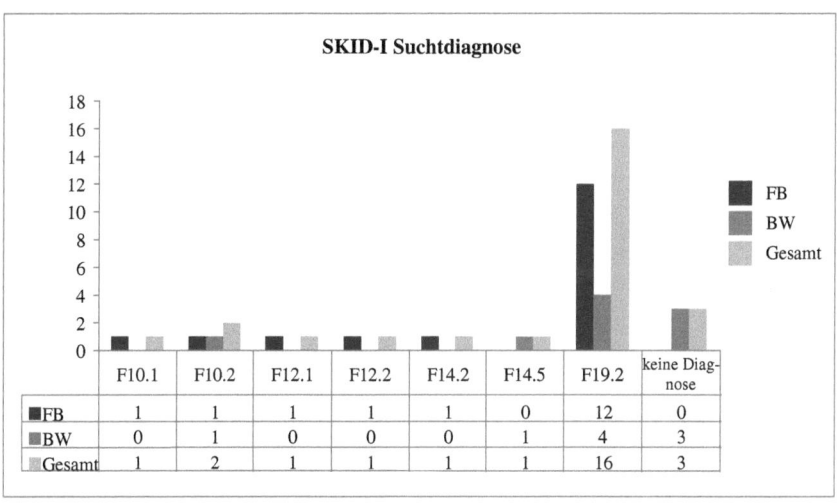

Abbildung 9 *SKID-I Suchtdiagnose: Psychische und Verhaltensstörungen durch Substanzgebrauch*

Ergebnisse der summativen Evaluation

Anmerkungen. FB = TVS Fuhlsbüttel, BW = TVS Billwerder. Absolute Häufigkeiten.
F10.1 Psychische und Verhaltensstörungen durch Alkohol – schädlicher Gebrauch
F10.2 Psychische und Verhaltensstörungen durch Alkohol – Abhängigkeitssyndrom
F12.1 Psychische und Verhaltensstörungen durch Cannabinoide – schädlicher Gebrauch
F12.2 Psychische und Verhaltensstörungen durch Cannabinoide – Abhängigkeitssyndrom
F14.2 Psychische und Verhaltensstörungen durch Kokain – Abhängigkeitssyndrom
F14.5 Psychische und Verhaltensstörungen durch Kokain – psychotische Störung
F19.2 Psychische und Verhaltensstörungen durch multiplen Substanzgebrauch und Konsum anderer psychotroper Substanzen – Abhängigkeitssyndrom

Lediglich von dreien der 26 Studienteilnehmer (8,3 %) werden die Kriterien für eine Suchtstörung durch multiplen Substanzkonsum und Konsum sonstiger psychotroper Substanzen nicht voll erfüllt.

4.5.2.2 Persönlichkeitsstörungen

Das Fragebogen-Screening wurde aufgrund der teilweise mangelnden Deutschkenntnisse und fehlender Lesekompetenz der Studienteilnehmer mit Unterstützung des Interviewers durchgeführt. Sechzehn Studienteilnehmer erfüllen zusätzlich zur Suchtdiagnose die Kriterien für eine dissoziale Persönlichkeitsstörung (F60.2), das entspricht einem relativen Anteil von 76,2 %. Die Diagnose „Borderline-Persönlichkeitsstörung" (F60.31) ist für sieben Studienteilnehmer zutreffend (33,3 %). Bei einem Großteil können anhand der vorliegenden Persönlichkeitsmerkmale mehrere Persönlichkeitsstörungen diagnostiziert werden, bei fünf Studienteilnehmern treffen nicht genügend Merkmale zu, um die Diagnose einer Persönlichkeitsstörung zu stellen. Abbildung 10 gibt einen Überblick über die Diagnostik auf Achse II in der mit dem SKID-II getesteten Stichprobe. Wie erwähnt, wurde die SKID-II-Diagnostik auf der Basis der Aktualprävalenzen betrieben.

Ergebnisse der summativen Evaluation

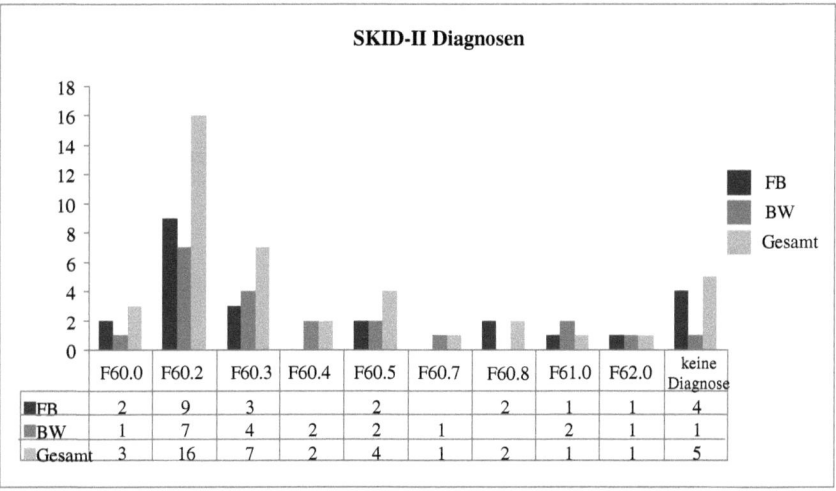

Abbildung 10 *SKID-II Diagnosen: Persönlichkeitsstörungen* (Anmerkungen siehe nächste Seite)

Anmerkungen zu Abbildung 10. Mehrfachdiagnosen möglich. FB = TVS Fuhlsbüttel, BW = TVS Billwerder. Absolute Häufigkeiten.
F60.0 Persönlichkeits- und Verhaltensstörungen – paranoide Persönlichkeitsstörung
F60.2 Persönlichkeits- und Verhaltensstörungen – dissoziale Persönlichkeitsstörung
F60.3 Persönlichkeits- und Verhaltensstörungen – emotional instabile Persönlichkeitsstörung
 (F60.31 Borderline-Typ)
F60.4 Persönlichkeits- und Verhaltensstörungen – histrionische Persönlichkeitsstörung
F60.5 Persönlichkeits- und Verhaltensstörungen – anankastische (zwanghafte)
 Persönlichkeitsstörung
F60.7 Persönlichkeits- und Verhaltensstörungen – abhängige (asthenische) Persönlichkeitsstörung
F60.8 Persönlichkeits- und Verhaltensstörungen – andere spezifische Persönlichkeitsstörungen
F61.0 Persönlichkeits- und Verhaltensstörungen – kombinierte Persönlichkeitsstörungen
F62.0 Persönlichkeits- und Verhaltensstörungen – andauernde Persönlichkeitsänderung nach
 Extrembelastung

4.5.2.3 Weitere psychisch komorbide Diagnosen

Die Diagnostik weiterer psychisch komorbider Störungen über den SKID-I ergab (umkodiert nach ICD-10) bei 34,6 % der Fälle insgesamt folgenden Befund:

1. eine organische Angststörung (F06.4) (3,9 %)
2. eine sonstige psychische und Verhaltensstörung durch multiplen Substanzgebrauch und Konsum anderer psychotroper Substanzen (F19.8) (3.9 %)

3. drei Diagnosen zu affektiven Störungen (11,5 %): mittelgradige depressive Episode (F32.1), rezidivierende depressive Störung, gegenwärtig remittiert (F33.4), Dysthymia (F34.1)
4. vier Diagnosen zu neurotischen, Belastungs- und somatoformen Störungen (15,4 %): Agoraphobie (F40.0), soziale Phobie (F40.1), zweimal eine Posttraumatische Belastungsstörung (F43.1)

Es folgt der Vergleich der Fragebogenwerte über die jeweiligen Messzeitpunkte. Wie im Methodenteil angekündigt, werden dabei die Werte berichtet:

- für t_1-t_2 (Prä-Post-Vergleich) und t_3-t_4 (sofern der Fragebogen in den Katamnesen eingesetzt worden war) *deskriptiv*
- danach das Ergebnis des *zufallskritischen* ANCOVA-Vergleichs t_1-t_2

Dieses Vorgehen dient der maximalen Ausschöpfung der Fallzahlen (vgl. Abschnitt 3.9.1). Die empirischen Werte werden dabei zu Referenzwerten in Beziehung gesetzt.

4.6 Psychotherapiemotivation

Zur Erhebung der Psychotherapiemotivation wurden die Studienteilnehmer mit einer Kurzversion des Fragebogens zur Psychotherapiemotivation (FBTM-23) von Schulz et al. (1995) befragt. Psychotherapiemotivation wird im FPTM über sechs Skalen erfasst. Es lässt sich folglich nicht von einer *generellen* Psychotherapiemotivation sprechen.

4.6.1 Deskriptiver Outcome-Vergleich

▸ *Prä-Post (t_1-t_2)*
In beiden Behandlungsgruppen, der TVS Fuhlsbüttel und der TVS Billwerder, verringern sich sämtliche Skalenmittelwerte im *Prä-Post-Vergleich*. Das bedeutet entsprechend der inhaltlichen Polung der Items eine Verbesserung der Therapiemotivation insgesamt.

Im Vergleich zu den Normwerten der Skala (Bezugsgröße $T = 50$), die auf einer klinischen Stichprobe aus vier psychosomatischen Rehabilitationskliniken basieren, ist der psychische Leidensdruck bei den Befragten mit einem T-Wert von 42 bereits zu t_1 auf der Gruppenebene geringer ausgeprägt und hat sich über den Behandlungsverlauf auf der TVS insgesamt weiter reduziert auf einen T-Wert von 37 bei t_1 zu t_2. In der Einschätzung der symptombezogenen Zuwendung durch Andere („sekundärer Krankheitsgewinn") unterscheiden sich die Studienteilnehmer zu beiden Messzeitpunkten kaum von der Normstichprobe, von t_1 zu t_2 nimmt der T-Wert geringfügig von 47 auf 46 ab. Dagegen fallen die T-Werte zu t_1 (T = 26) und t_2 (T = 23) für die Skala „Hoffnung" in der vorliegenden Stichprobe um die Hälfte niedriger aus als die entsprechenden Normwerte. Die Studienteilnehmer verneinen psychische Hilfebedürftigkeit häufiger als es in der Normstichprobe der Fall ist *(T = 56 > T = 50)*. Diese Haltung verändert sich über den Behandlungsverlauf von t_1 zu t_2 nur geringfügig. Was die Bewertung der Eigeninitiative anbetrifft, eine Behandlung zu erhalten, liegt der T-Wert hier mit 56 zu Beginn der Erhebung über den Vergleichswerten, im Anschluss an die Behandlung auf der TVS leicht darunter. Auch in Bezug auf die Aneignung von Wissen zum Thema „Psychotherapie" liegen die Studienteilnehmer leicht unterhalb der klinischen Norm *(T = 48 < T = 50)*, zum zweiten Messzeitpunkt t_2 mit einem T-Wert von 44 noch etwas deutlicher. In Abbildung 11 werden die genannten Ergebnisse anhand einer grafischen Gegenüberstellung der Skalenmittelwerte zu t_1 und t_2 verdeutlicht.

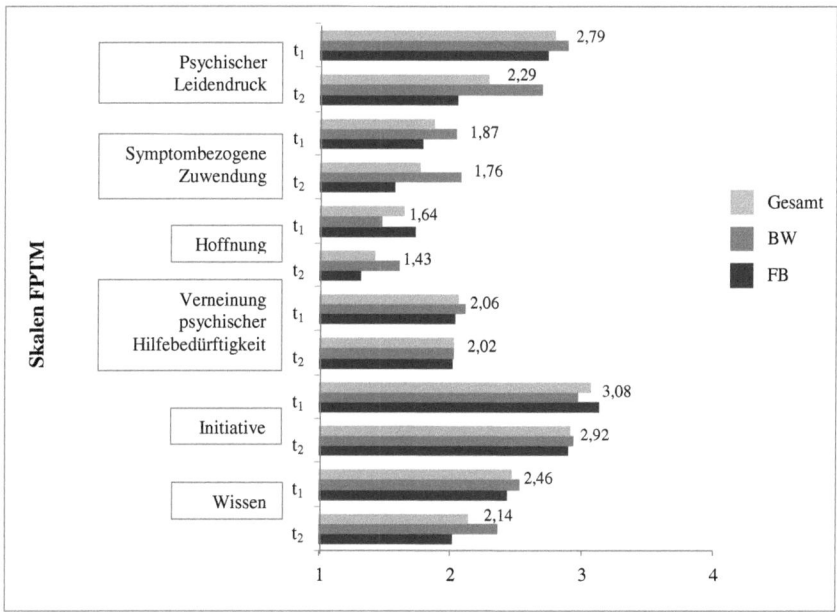

Abbildung 11 *Prä-Post-Vergleich der Psychotherapiemotivation (t_1-t_2) unter Angabe der den T-Werten zugrunde liegenden Skalenmittelwerte*

Ergebnisse der summativen Evaluation

Anmerkungen. 1 = stimmt nicht bis 4 = stimmt. Sinkende Werte bedeuten inhaltlich eine Besserung. FB = TVS Fuhlsbüttel, BW = TVS Billwerder.

4.6.2 Zufallskritischer Vergleich

▸ *Prä-Post (t_1-t_2)*

Zwischen t_1 und t_2 bestehen in vier von sechs Skalen des Fragebogens zur Psychotherapiemotivation statistisch signifikante Unterschiede, die Effektstärken sind hierbei hoch (siehe Tabelle 11). Es sind dies die Skalen „Hoffnung", „Psychischer Leidensdruck", „Verneinung psychischer Hilfebedürftigkeit" und „Initiative".

Tabelle 11
Prä-Post-Vergleich der Psychotherapiemotivation zu t_1 und t_2 nach Baseline-Adjustierung (n = 24)

FPTM-Skalen	df	F	p	eta²
Hoffnung	1	17,85	**,000**	,45
Psychischer Leidensdruck	1	3,58	**,002**	,37
Symptombezogene Zuwendung	1	3,80	,064	,15
Verneinung psychischer Hilfsbedürftigkeit	1	6,82	**,016**	,24
Initiative	1	5,58	**,027**	,20
Wissen	1	2,07	,164	,09

4.7 Abstinenzzuversicht

Zur Erfassung der Absicht und Zuversicht der Studienteilnehmer, künftig abstinent zu leben, wurden die „Heidelberger Skalen zur Abstinenzzuversicht" (HEISA-16) von Körkel et al. (2003) eingesetzt.

4.7.1 Deskriptive Outcome-Vergleiche

In beiden Behandlungsgruppen, TVS Fuhlsbüttel und TVS Billwerder, sind die Skalenmittelwerte (M) im *Prä-Post-Vergleich* für alle HEISA-16-Skalen zum zweiten Messzeitpunkt t_2 erhöht, was inhaltlich einem Zuwachs an Abstinenzzuversicht entspricht.

▶ *Prä-Post (t_1-t_2): Skala „Unangenehme Gefühle"*
Die Zuversicht, „unangenehmen Gefühlen" widerstehen zu können, nimmt über den Befragungszeitraum in den Stichproben beider TVS zu, liegt aber zu t_2 mit M = 4,08 für den gemeinsamen durchschnittlichen Skalenwert noch immer unter dem Normwert von 5,90. Die Abstinenzzuversicht ist bei den Studienteilnehmern der TVS Fuhlsbüttel für diese Skala insgesamt stärker ausgeprägt als bei den Studienteilnehmern der TVS Billwerder.

▶ *Katamnese (t_3-t_4): Skala „Unangenehme Gefühle"*
Zu den beiden Katamneseerhebungen drei (t_3) und sechs (t_4) Monate nach Abschluss der TVS-Maßnahme liegen nochmals erhöhte durchschnittliche Skalengesamtwerte vor (M = 4,43 zu t_3; M = 4,41 zu t_4), wobei die Teilstichprobe aus der TVS Fuhlsbüttel weiterhin deutlich höhere Zuversichtswerte (M = 5,21 zu t_3; M = 4,88 zu t_4) in Bezug auf Abstinenz beim Auftreten unangenehmer Gefühle hat wie die aus der TVS Billwerder (M = 3,39 zu t_3; M = 3,00 zu t_4; Abbildung 12).

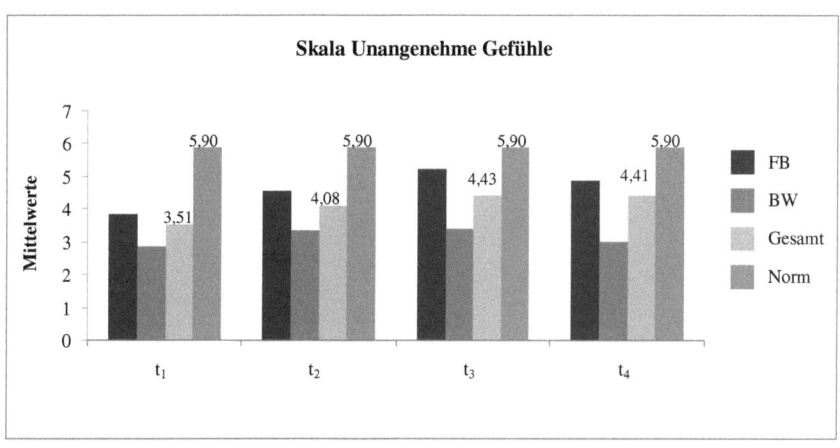

Abbildung 12 *Outcome in Skalenmittelwerten: Abstinenzzuversicht bei unangenehmen Gefühlen für die Gesamtstichprobe im Vergleich zu den Normwerten*

Anmerkungen. t_1 N = 26; t_2 n = 24; t_3 n = 21; t_4 n = 18.
FB = TVS Fuhlsbüttel, BW = TVS Billwerder.

▶ *Prä-Post (t_1-t_2): Skala „Versuchungen und Verlangen"*
Die Gefährdung – ausgehend von „Versuchungen und Verlangen" – wird von den Studienteilnehmern beider Teilstichproben zu t_1 zunächst geringer eingestuft (M = 3,89) als in der klinischen Normstichprobe (M = 4,29), die Widerstandszuversicht wächst jedoch über den Behandlungsverlauf an und liegt zu t_2 mit M = 4,73 bei den Studienteilnehmern der TVS Fuhlsbüttel bereits oberhalb des Normwertes. Auch bei den Studienteilnehmern der TVS Billwerder ist ein Anstieg der Abstinenzzuversicht bei „Versuchungen und Verlangen" festzustellen, der Skalenmittelwert liegt aber mit M = 3,55 weiterhin unterhalb von dem der Normstichprobe.

▶ *Katamnese (t_3-t_4): Skala „Versuchungen und Verlangen"*
Der Zuwachs an Widerstandszuversicht bei „Versuchungen und Verlangen" drückt sich zu t_3 und t_4 in gegenüber t_1-t_2 erneut angestiegenen Werten in beiden Teilstichproben aus (siehe Abbildung 13), wobei die Studienteilnehmer der TVS Billwerder gemäß des Skalenmittelwertes zum jeweiligen Erhebungszeitpunkt weiterhin unterhalb der Norm liegen (M = 4,08 zu t_3; M = 3,88 zu t_4). Bedingt durch die hohen Zuversichtswerte der Studienteilnehmer aus der TVS Fuhlsbüttel (M = 5,21 zu t_3; M = 5,17 zu t_4) ist der durchschnittliche Skalengesamtwert aber jeweils größer als der Normwert (M = 4,73 zu t_3; M = 4,84 zu t_4 jeweils > 4,29).

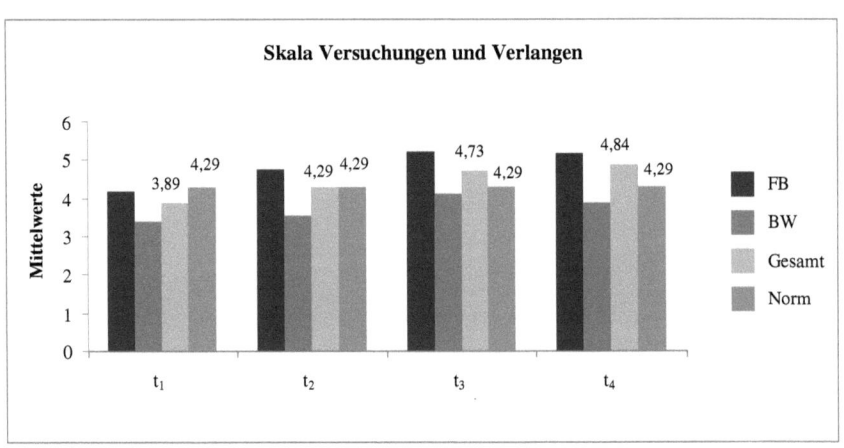

Abbildung 13 *Outcome in Skalenmittelwerten: Abstinenzzuversicht bei Versuchungen und Verlangen für die Gesamtstichprobe im Vergleich zu den Normwerten*
Anmerkungen. t_1 N = 26; t_2 n = 24; t_3 n = 21; t_4 n = 18.
FB = TVS Fuhlsbüttel, BW = TVS Billwerder.

▶ *Prä-Post (t_1-t_2): Skala „Leichtsinnigkeit im Denken" und Katamnese (t_3-t_4): Skala „Leichtsinnigkeit im Denken"*

Ein Ergebnis ähnlich dem zur Skala „Versuchungen und Verlangen" liegt in Bezug auf die Zuversicht vor, bei „Leichtsinnigkeit im Denken" abstinent zu bleiben (siehe Abbildung 14). Wiederum aufgrund der hohen Zuversichtswerte der Studienteilnehmer der TVS Fuhlsbüttel ist der durchschnittliche Skalengesamtwert jeweils größer als der Normwert.

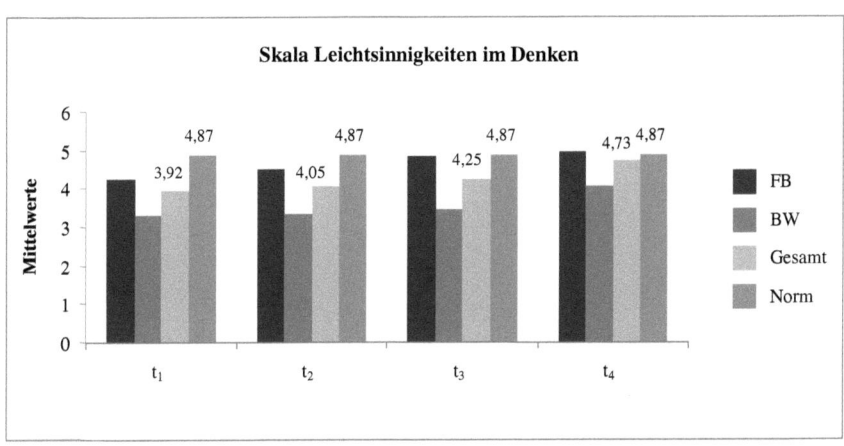

Abbildung 14 *Outcome in Skalenmittelwerten: Abstinenzzuversicht bei Leichtsinnigkeit im Denken für die Gesamtstichprobe im Vergleich zu den Normwerten*

Anmerkungen. t_1 N = 26; t_2 n = 24; t_3 n = 21; t_4 n = 18.
FB = TVS Fuhlsbüttel, BW = TVS Billwerder.

▶ *Prä-Post (t_1-t_2): Skala „Angenehme Gefühle"*

Bei angenehmen Stimmungszuständen fällt die Abstinenzzuversicht im Vergleich zu den anderen Skalengesamtwerten zwar höher aus, was auch in der Normstichprobe der Fall ist, sie liegt aber in beiden Teilstichproben und damit auch im durchschnittlichen Gesamtwert dieser Skala zu t_1 mit M = 4,80 deutlich unter dem Vergleichswert der Normstichprobe von M = 8,29. Zu t_2 ist die Zuversicht bei den Studienteilnehmern der TVS Billwerder leicht gestiegen, bei jenen der TVS Fuhlsbüttel hat sie geringfügig abgenommen, sodass der Skalengesamtwert im Durchschnitt bei M = 4,69 liegt (siehe Abbildung 15).

▶ *Katamnese (t_3-t_4): Skala „Angenehme Gefühle"*

Zu t_3 steigen die Skalenmittelwerte für die Abstinenzzuversicht bei positiver Gestimmtheit in beiden Teilstichproben an und damit auch der durchschnittliche Skalengesamtwert (M = 5,20). Der Effekt bleibt auch zur zweiten Katamneseerhebung weitestgehend erhalten (M = 5,16 zu t_4); bei den Studienteilnehmern der TVS Billwerder scheinen die Zuversichtswerte geringfügig abzusinken. Insgesamt bleibt auch der t_4-Wert noch immer deutlich unterhalb der Norm von M = 8,29 (siehe Abbildung 15).

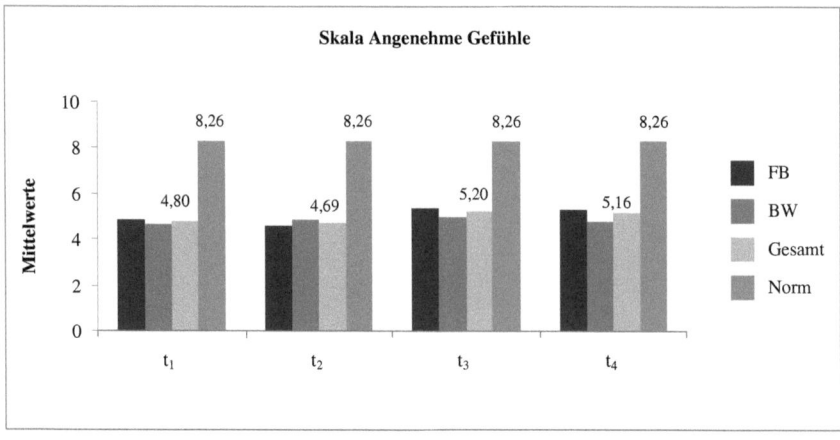

Abbildung 15 *Outcome in Skalenmittelwerten: Abstinenzzuversicht bei angenehmen Gefühlen für die Gesamtstichprobe im Vergleich zu den Normwerten*

Anmerkungen. t_1 N = 26; t_2 n = 24; t_3 n = 21; t_4 n = 18.
FB = TVS Fuhlsbüttel, BW = TVS Billwerder.

4.7.2 Zufallskritischer Vergleich

▶ *Prä-Post (t_1-t_2)*

Für alle HEISA-16-Skalen gilt im Prä-Post-Vergleich (siehe Tabelle 12), dass in allen vier Skalen ein *hoch signifikantes* Ergebnis erzielt wird. Die Effektstärken (eta²) sind ebenfalls groß. Die Abstinenzzuversicht, dem Konsum der Problemdroge widerstehen zu können, steigt demnach von t_1 zu t_2 bedeutsam an. – Wie oben gesehen, bleiben jedoch diese gebesserten Werte fast immer unterhalb der Normwerte.

Tabelle 12
Prä-Post-Vergleich der Abstinenzzuversicht zu t_1 und t_2 nach Baseline-Adjustierung

HEISA-16-Skalen	df	F	p	Eta²
Unangenehme Gefühle	1	26,86	,000	,55
Versuchungen und Verlangen	1	20,04	,000	,48
Leichtsinnigkeit im Denken	1	18,40	,000	,45
Angenehme Gefühle	1	7,50	,012	,25

Anmerkungen. n = 24.

4.8 Psychische und physische Symptombelastung

Zur Erfassung des aktuellen psychischen Leidensdruckes der Studienteilnehmer wurde eine Kurzversion der *Symptom-Checkliste SCL-90-R* von Franke (2002), die Skala GSI-9 gemäß der SCL-K-9 von (Klaghofer & Brähler, 2001) sowie die Skala „Somatisierung" der SCL-90-R zur Erfassung körperlicher Beschwerden eingesetzt. Die im Folgenden referierten Normwerte entstammen den jeweiligen Manualen. Zu allen Messzeitpunkten und auf beiden Skalen haben die Studienteilnehmer beider TVS deutlich höhere Belastungswerte als die der Normgruppen.

4.8.1 Deskriptive Outcome-Vergleiche

▸ *Prä-Post (t_1-t_2): Psychische Symptombelastung*
Der Skalenmittelwert der GSI-9 liegt für alle Studienteilnehmer mit 1,36 zu t_1 oberhalb des mittleren Normwertes von 0,22 bzw. 0,33. Der Durchschnittswert der psychischen Symptombelastung ist bei den Studienteilnehmern der TVS Billwerder nahezu doppelt so hoch wie bei jenen der TVS Fuhlsbüttel. Es ist von t_1 zu t_2 ein deutlicher Anstieg des erlebten psychischen Leidensdruckes im mittleren Wert von 1,36 auf 1,83 für die Gesamtstichprobe ablesbar, die Studienteilnehmer der TVS Billwerder stellen aber mit Mittelwerten über „Zwei" die deutlich stärker beeinträchtigte Gruppe dar (siehe Tabelle 13).

Tabelle 13
Vergleich der psychischen Symptombelastung anhand der mittleren Skalenwerte der GSI-9 (SCL-K-9) über alle Messzeitpunkte

Skala	Zeitpunkt	TVS Fuhlsbüttel	TVS Billwerder	Gesamt	Norm-Wert 26-35 Jahre	Norm-Wert 36-45 Jahre	SD
GSI-9 (SCL-K-9)	t_1	1,03	2,05	**1,36**	0,22	0,33	0,77
	t_2	1,63	2,16	**1,83**	0,22	0,33	0,71
	t_3	1,62	2,20	**1,87**	0,22	0,33	0,72
	t_4	1,74	2,00	**1,89**	0,22	0,33	0,57

Anmerkungen. t_1 N = 26; t_2 n = 24; t_3 n = 21; t_4 n = 18.

▶ *Katamnese (t_3-t_4): Psychische Symptombelastung*
Zu t_3 scheint die psychische Belastung bei den Studienteilnehmern gegenüber t_2 unverändert (siehe Tabelle 13, veranschaulicht in Abbildung 16). Zu t_4, sechs Monate nach Abschluss der Maßnahme, erreicht das Ausmaß des erlebten psychischen Leidensdruckes bei den Studienteilnehmern der TVS Billwerder seinen niedrigsten Stand und fällt knapp unter den mittleren Ausgangswert von t_1 zurück auf 2,00. Damit ist er aber immer noch um ein sechs- bis neunfaches höher als die mittleren Normwerte.

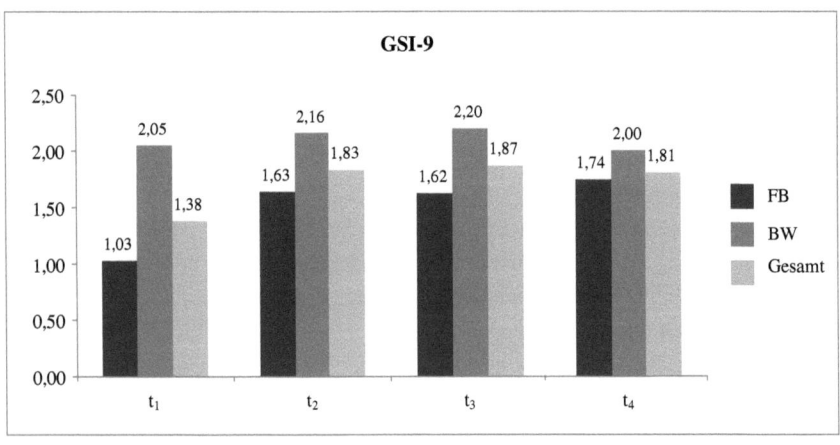

Abbildung 16 *Vergleich der psychischen Symptombelastung anhand der Skalenmittelwerte der GSI-9 (SCL-K-9)*

Ergebnisse der summativen Evaluation

Anmerkungen. t_1 N = 26; t_2 n = 24; t_3 n = 21; t_4 n = 18.
FB = TVS Fuhlsbüttel, BW = TVS Billwerder.

▶ *Prä-Post (t_1-t_2): Physische Symptombelastung (Somatisierung)*
Wie bereits bei der psychischen Symptombelastung beobachtet wurde, ist das Ausmaß der erlebten physischen Beeinträchtigung in beiden Teilstichprobe groß, aber bei den Studienteilnehmern der TVS Billwerder deutlich höher als bei denen der TVS Fuhlsbüttel (1,70 > 0,63). Zum Messzeitpunkt t_2 steigen die mittleren Skalenwerte zwar in beiden Teilstichproben an, bei den Studienteilnehmern der TVS Billwerder sind die erlebten körperlichen Beschwerden numerisch jedoch doppelt so stark ausgeprägt wie bei denen der TVS Fuhlsbüttel (siehe Tabelle 14).

Tabelle 14
Vergleich der physischen Symptombelastung anhand der Mittelwerte der Skala „Somatisierung" der SCL-90-R über alle Messzeitpunkte

Skala	Zeit-punkt	TVS Fuhls-büttel	TVS Billwer-der	Mittelwert Gesamt	Mittelwert Norm	SD
Somatisie-rungSCL-90-R	t_1	0,63	1,70	**1,00**	0,36	0,75
	t_2	0,91	1,81	**1,22**	0,36	0,62
	t_3	1,38	1,83	**1,57**	0,36	0,63
	t_4	1,45	1,52	**1,47**	0,36	0,44

Anmerkungen. t_1 N=26; t_2 n=24; t_3 n=21; t_4 n=18.

▶ *Katamnese (t_3-t_4): Physische Symptombelastung (Somatisierung)*
Zu t_3 steigen die mittleren Skalenwerte für die erlebten physischen Belastungen in beiden Teilstichproben gegenüber t_2 nochmals an, zu t_4 sinkt der mittlere Skalengesamtwert jedoch. Dies ist bedingt durch eine starke Abnahme der Belastung bei den Studienteilnehmern der TVS Billwerder, obwohl sich der gemittelte Wert in der Teilstichprobe der TVS Fuhlsbüttel leicht erhöht (siehe Abbildung 17).

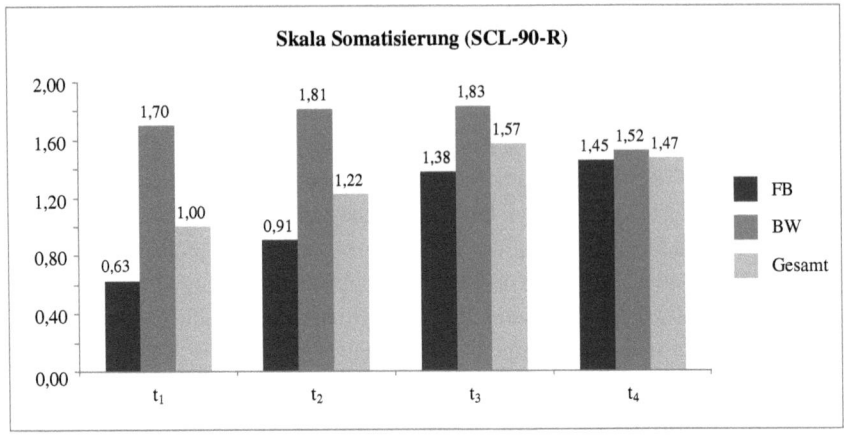

Abbildung 17 *Vergleich der physischen Symptombelastung anhand der jeweiligen Mittelwerte der Skala „Somatisierung" der SCL-90-R*

Anmerkungen. t_1 N = 26; t_2 n = 24; t_3 n = 21; t_4 n = 18.
FB = TVS Fuhlsbüttel, BW = TVS Billwerder.

4.8.2 Zufallskritischer Vergleich

▸ *Prä-Post (t_1-t_2)*

Laut ANCOVA ergibt der Vergleich t_1-t_2 für beide Belastungsskalen *keine* statistisch signifikante Differenz (vgl. Tabelle 15 und Tabelle 16). Die Studienteilnehmer aus beiden TVS erleben demnach eine unverändert hohe, im Fall der TVS Billwerder unverändert sehr hohe Belastung.

Tabelle 15
Prä-Post-Vergleich der psychischen Symptombelastung anhand der mittleren Skalenwerte der GSI-9 (SCL-K-9) zu t_1 und t_2 nach Baseline-Adjustierung

SCL-K-9	df	F	p	eta²
Psychische Symptombelastung GSI-9	1	2,27	,146	,096

Anmerkungen. n = 24.

Tabelle 16
Prä-Post-Vergleich der physischen Symptombelastung anhand der Mittelwerte der Skala „Somatisierung" der Skala SCL-90-R zu t_1 und t_2 nach Baseline-Adjustierung

SCL-90-R	df	F	p	eta²
Physische Symptombelastung (Somatisierung)	1	,06	,814	,01

Anmerkungen. n = 24.

4.9 Emotionsregulation

Anhand der *Skala zum Erleben von Emotionen* (SEE) von Behr und Becker (2004) sollte geprüft werden, ob sich (das Erleben der) Affektregulation und Impulskontrolle bei den Studienteilnehmern verbessert hat. Als Referenzwerte werden im Folgenden die Daten einer Zufallsstichprobe aus der Normalbevölkerung für Männer ab 30 Jahren verwendet, da der Altersdurchschnitt im Untersuchungs-kollektiv bei ungefähr 33 Jahren liegt. Zwar ist ein Großteil der Studienteilnehmer jünger, es lassen sich aber bezogen auf den Themenbereich aufgrund des derzeitigen Forschungsstandes keine Hypothesen im Hinblick auf die Relevanz der Berücksichtigung von Altersunterschieden formulieren (Behr & Becker, 2004).

4.9.1 Deskriptive Outcome-Vergleiche

Nach der Testauswertung können die Testprofile der Studienteilnehmer für die sieben Skalen der SEE mit den Werten der Normstichprobe verglichen werden. Vor der Interpretation müssen für die T-transformierten Werte zur Berücksichtigung des Messfehlers Vertrauensgrenzen ermittelt werden, in denen sich der „wahre Testwert" mit 90- bzw. 95-prozentiger Wahrscheinlichkeit befindet. In der vorliegenden Untersuchung wurde auf Basis einer 5-prozentigen Fehlerwahrscheinlichkeit ($\alpha = .05$) gerechnet. Testwerte sollten nach Empfehlung der Autoren erst dann als auffällig bewertet werden, wenn T-Werte > 60 oder < 40 resultieren bzw. die Standardabweichung über oder unter dem Mittel der Vergleichsstichprobe liegt. Im Folgenden werden jeweils die Rohwerte und „wahre T-Werte" für die einzelnen Messzeitpunkte angegeben.

Ergebnisse der summativen Evaluation

▶ *Prä-Post (t_1-t_2): „Akzeptanz eigener Emotionen"*

Die „Akzeptanz der eigenen Emotionen" wird vor Beginn der Behandlung auf der TVS geringfügig höher eingeschätzt als in deren Anschluss, liegt aber im Normbereich. Der Durchschnittswert liegt bei den Studienteilnehmern der TVS Fuhlsbüttel mit T = 54 zu t_1 deutlich über dem der Studienteilnehmer der TVS Billwerder mit T = 46. Zu t_2 haben sich die mittleren Werte beider TVS angeglichen (siehe Tabelle 17 und Abbildung 18). Die Werte liegen insgesamt im unauffälligen Bereich.

Tabelle 17
Outcome in T-Werten für die SEE-Skala „Akzeptanz eigener Emotionen"

SEE-Skala	Messzeitpunkt	TVS Fuhlsbüttel	TVS Billwerder	T-Wert Gesamt	Wahrer T-Wert	SD
Akzeptanz eigener Emotionen	t_1	54	46	51	43,7 – 58,3	4,43
	t_2	51	49	49	41,7 – 56,3	4,41
	t_3	49	44	46	38,7 – 53,3	5,28
	t_4	51	44	49	41,7 – 56,3	4,03

Anmerkungen. t_1 N = 26; t_2 n = 24; t_3 n = 21; t_4 n = 18.

▶ *Katamnese (t_3-t_4): „Akzeptanz eigener Emotionen"*

Zum Zeitpunkt der Katamneseerhebungen t_3 und t_4 verringert sich der T-Wert für die Gesamtstichprobe, was vor allem auf den niedrigeren Mittelwert für die TVS Billwerder zurückzuführen ist. Diese inhaltliche Verschlechterung ist insgesamt jedoch wieder rückläufig, was auf die gebesserten Werte der Studienteilnehmer der TVS Fuhlsbüttel zurückzuführen ist (siehe Tabelle 17 und Abbildung 18). Alle Werte bewegen sich jedoch im unauffälligen Normbereich.

Ergebnisse der summativen Evaluation

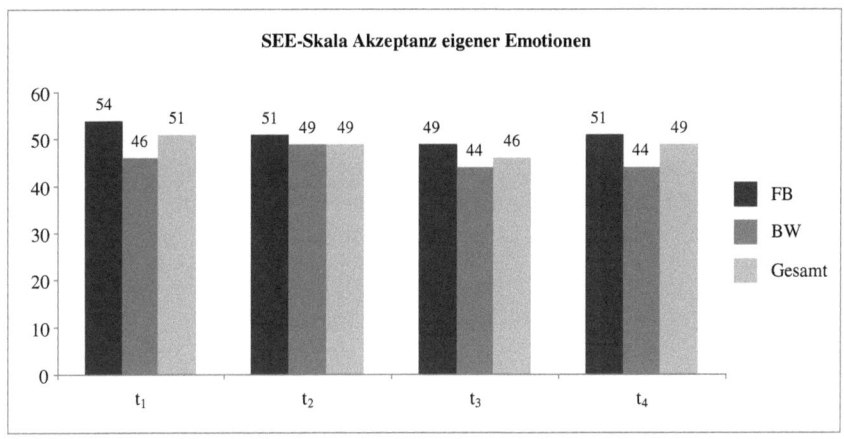

Abbildung 18 *Outcome in T-Werten für die SEE-Skala "Akzeptanz eigener Emotionen"*
Anmerkungen. t_1 N = 26; t_2 n = 24; t_3 n = 21; t_4 n = 18.
FB = TVS Fuhlsbüttel, BW = TVS Billwerder.

▸ *Prä-Post (t_1-t_2): "Erleben von Emotionsmangel"*
Die Studienteilnehmer der TVS Fuhlsbüttel berichten einen Mangel an erlebten Emotionen, der von t_1 zu t_2 geringfügig variiert (siehe Tabelle 18). Sämtliche T-Werte zu t_1 und t_2 liegen jedoch mit hoher Wahrscheinlichkeit noch im Normbereich.

Tabelle 18
Outcome in T-Werten für die SEE-Skala "Erleben von Emotionsmangel"

SEE-Skala	Messzeit-punkt	TVS Fuhls-büttel	TVS Bill-werder	T-Wert Gesamt	Wahrer T-Wert	SD
Erleben von Emotions- mangel	t_1	54	54	54	42,7 – **65,3**	3,89
	t_2	51	57	51	**39,7 – 62,3**	3,75
	t_3	**60**	**77**	**68**	**66,7 – 79,3**	5,18
	t_4	**65**	**68**	**68**	**66,7 – 79,3**	6,08

Anmerkungen. t_1 N = 26; t_2 n = 24; t_3 n = 21; t_4 n = 18.

▶ *Katamnese (t_3-t_4): „Erleben von Emotionsmangel"*

Zum Zeitpunkt der ersten Katamneseerhebung t_3 fällt der T-Wert in beiden TVS-Teilstichproben deutlich höher aus, was ein gestiegenes Mangelerleben indiziert (siehe Abbildung 19). Zu t_4 ist der T-Wert für die Studienteilnehmer der TVS Billwerder wieder niedriger bzw. gebessert, dafür ist der T-Wert für die Studienteilnehmer der TVS Fuhlsbüttel erhöht bzw. verschlechtert. Die ermittelten Gesamtwerte liegen sowohl zu t_3 als auch zu t_4 auffällig hoch.

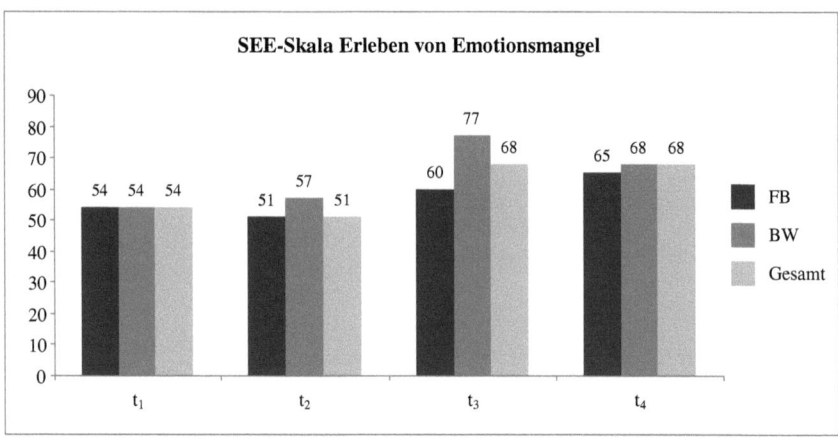

Abbildung 19 *Outcome in T-Werten für die SEE-Skala „Erleben von Emotionsmangel"*

Anmerkungen. t_1 N = 26; t_2 n = 24; t_3 n = 21; t_4 n = 18.
FB = TVS Fuhlsbüttel, BW = TVS Billwerder.

▶ *Prä-Post (t_1-t_2): „Erleben von Emotionsüberflutung"*

Zwischen t_1 und t_2 verändert sich das Gefühl des Ausgeliefertseins in Bezug auf die eigene Emotionalität in beiden Teilstichproben und in der Gesamtstichprobe nur geringfügig; die mittleren Skalenwerte liegen mit hoher Wahrscheinlichkeit im Normbereich (siehe Tabelle 19 und Abbildung 20).

Ergebnisse der summativen Evaluation

Tabelle 19
Outcome in T-Werten für die SEE-Skala „Erleben von Emotionsüberflutung"

SEE-Skala	Messzeitpunkt	TVS Fuhlsbüttel	TVS Billwerder	T-Wert Gesamt	Wahrer T-Wert	SD
Erleben von Emotionsüberflutung	t_1	53	49	54	46,7 – 61,3	7,76
	t_2	49	51	53	45,7 – 60,3	7,19
	t_3	43	**32**	44	**36,7 – 51,3**	2,85
	t_4	44	37	44	**36,7 – 51,3**	3,18

Anmerkungen. t_1 N = 26; t_2 n = 24; t_3 n = 21; t_4 n = 18.

▸ *Katamnese (t_3-t_4): „Erleben von Emotionsüberflutung"*
Zu t_3 finden sich abfallende bzw. inhaltlich gebesserte Mittelwerte bei den Studienteilnehmern beider TVS. Die TVS-Teilstichprobe Billwerder weist gegenüber der Normstichprobe einen unterdurchschnittlich niedrigen T-Wert von 32 auf. Zu t_4 steigen die mittleren Werte wieder geringfügig an, liegen aber deutlich unterhalb der zu t_1 erhobenen Ausgangswerte und bei den Studienteilnehmern der TVS Billwerder noch immer unterhalb des Normwertes von T = 40 (siehe Tabelle 19 und Abbildung 20).

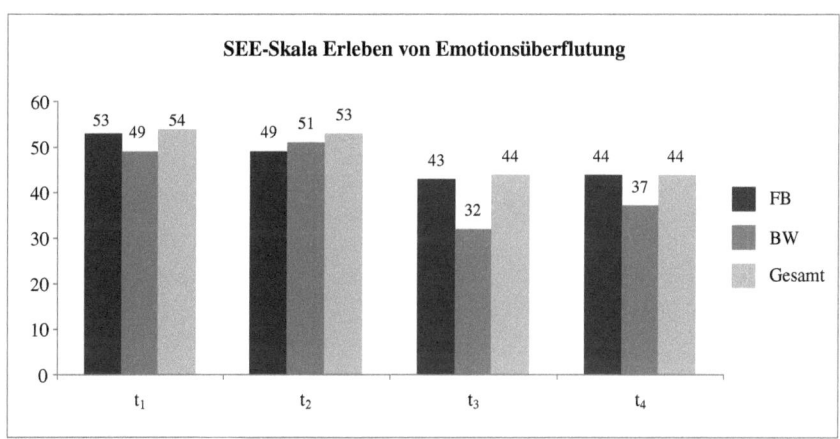

Abbildung 20 *Outcome in T-Werten für die SEE-Skala „Erleben von Emotionsüberflutung"*

Anmerkungen. t_1 N = 26; t_2 n = 24; t_3 n = 21; t_4 n = 18.
FB = TVS Fuhlsbüttel, BW = TVS Billwerder.

Ergebnisse der summativen Evaluation

▶ *Prä-Post (t_1-t_2): „Körperbezogene Symbolisierung von Emotionen"*
Während ihres TVS-Aufenthaltes weisen beide Teilstichproben höhere, inhaltlich günstigere mittlere T-Werte auf der Skala „Körperbezogene Symbolisierung von Emotionen" auf als die Normstichprobe (siehe Tabelle 20 und Abbildung 21).

Tabelle 20
Outcome in T-Werten für die SEE-Skala „Körperbezogene Symbolisierung von Emotionen"

SEE-Skala	Messzeitpunkt	TVS Fuhlsbüttel	TVS Billwerder	T-Wert Gesamt	Wahrer T-Wert	SD
Körperbezogene Symbolisierung von Emotionen	t_1	58	51	49	40,2 – 47,8	5,76
	t_2	58	56	**51**	42,2 – 49,8	7,01
	t_3	41	51	46	37,2 – 44,8	5,96
	t_4	44	49	46	37,2 – 44,8	6,28

Anmerkungen. t_1 N = 26; t_2 n = 24; t_3 n = 21; t_4 n = 18.

▶ *Katamnese (t_3-t_4): „Körperbezogene Symbolisierung von Emotionen"*
Zum Zeitpunkt von t_3 und t_4 ist der mittlere T-Wert für die Gesamtstichprobe insgesamt gesunken, er liegt aber nicht im auffälligen Bereich (siehe Tabelle 20 und Abbildung 21). Zu t_3 und t_4 sind die Werte der Studienteilnehmer der TVS Billwerder insgesamt günstiger als die derjenigen der TVS Fuhlsbüttel, was im SEE-Fragebogen sonst nur noch für die Skala „Erleben von Emotionsmangel" zutrifft.

Ergebnisse der summativen Evaluation

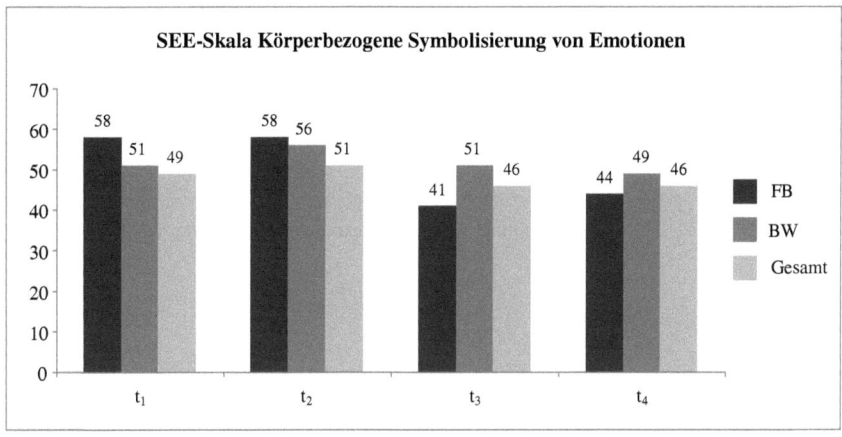

Abbildung 21 *Outcome in T-Werten für die SEE-Skala „Körperbezogene Symbolisierung von Emotionen"*

Anmerkungen. t_1 N = 26; t_2 n = 24; t_3 n = 21; t_4 n = 18.
FB = TVS Fuhlsbüttel, BW = TVS Billwerder.

▶ *Prä-Post (t_1-t_2): „Imaginative Symbolisierung von Emotionen"*
Die Vorstellungskraft und gedankliche Auseinandersetzung mit den eigenen Gefühlszuständen wird vor Beginn (t_1) und im direkten Anschluss an die Maßnahme (t_2) von den Studienteilnehmern der TVS Billwerder höher bewertet als von denen der TVS Fuhlsbüttel. Der mittlere T-Wert beider Teilstichproben und für die Gesamtstichprobe liegt zu t_1 und zu t_2 jeweils innerhalb des Normbereiches (siehe Tabelle 21 und Abbildung 22).

Tabelle 21
Outcome in T-Werten für die SEE-Skala „Imaginative Symbolisierung von Emotionen"

SEE-Skala	Messzeit-punkt	TVS Fuhls-büttel	TVS Bill-werder	T-Wert Gesamt	Wahrer T-Wert	SD
Imaginative Symbolisierung von Emotionen	t_1	51	59	55	46,7 – 63,3	5,43
	t_2	51	59	53	44,7 – 61,3	6,78
	t_3	49	57	53	44,7 – 61,3	5,65
	t_4	49	51	51	42,7 – 59,3	5,59

Anmerkungen. t_1 N = 26; t_2 n = 24; t_3 n = 21; t_4 n = 18.

▶ *Katamnese (t_3-t_4): „Imaginative Symbolisierung von Emotionen"*
Die Daten der ersten und zweiten Katamneseerhebung zu t_3 und t_4 ergeben leicht herabgesetzte mittlere T-Werte in beiden Teilstichproben und für die Gesamtstichprobe (siehe Tabelle 21 und Abbildung 22). Alle T-Werte bewegen sich weiterhin im Normbereich.

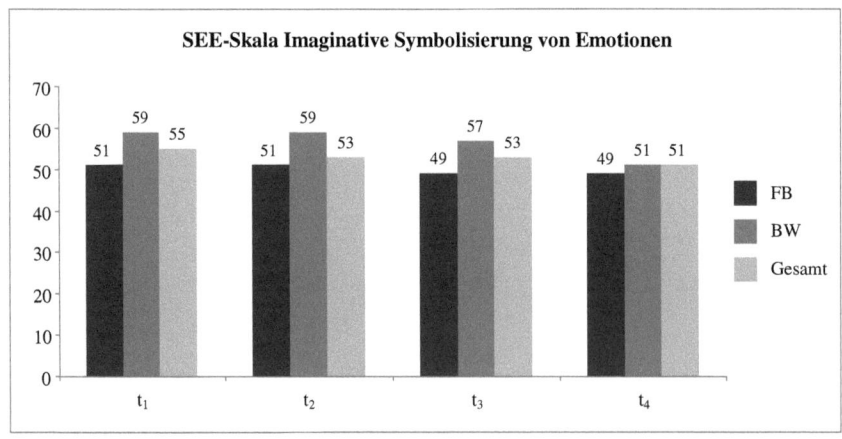

Abbildung 22 *Outcome in T-Werten für die Skala „Imaginative Symbolisierung von Emotionen"*

Anmerkungen. t_1 N = 26; t_2 n = 24; t_3 n = 21; t_4 n = 18.
FB = TVS Fuhlsbüttel, BW = TVS Billwerder.

▶ *Prä-Post (t_1-t_2): „Erleben von Emotionsregulation"*
Zwischen t_1 und t_2 verändert sich die Einschätzung, eigene Gefühle und Stimmungen kontrollieren zu können, in der Gesamtstichprobe kaum; der mittlere T-Wert der Teilstichprobe der TVS Billwerder liegt zu t_1 mit T = 49 leicht unterhalb dem der Studienteilnehmer der TVS Fuhlsbüttel mit T = 52. Sämtliche T-Werte liegen mit hoher Wahrscheinlichkeit im Normbereich (siehe Tabelle 22 und Abbildung 23).

Ergebnisse der summativen Evaluation

Tabelle 22
Outcome in T-Werten für die SEE-Skala „Erleben von Emotionsregulation"

SEE-Skala	Messzeit-punkt	TVS Fuhls-büttel	TVS Bill-werder	T-Wert Gesamt	Wahrer T-Wert	SD
Erleben von Emotions-regulation	t_1	52	49	52	40,7 – 63,3	3,02
	t_2	52	52	52	40,7 – 63,3	2,23
	t_3	52	52	52	40,7 – 63,3	3,00
	t_4	52	45	52	40,7 – 63,3	3,20

Anmerkungen. t_1 N = 26; t_2 n = 24; t_3 n = 21; t_4 n = 18.

▸ *Katamnese (t_3-t_4): „Erleben von Emotionsregulation"*
Zum Zeitpunkt t_3 unterscheiden sich die T-Werte nicht von denen zu t_2, die Befragung zu t_4 ergibt gesunkene mittlere T-Werte in der Teilstichprobe der TVS Billwerder, die jedoch keinen Einfluss auf das Gesamtergebnis haben (siehe Tabelle 22 und Abbildung 23); mit hoher Wahrscheinlichkeit liegen die Werte innerhalb der unauffälligen Norm.

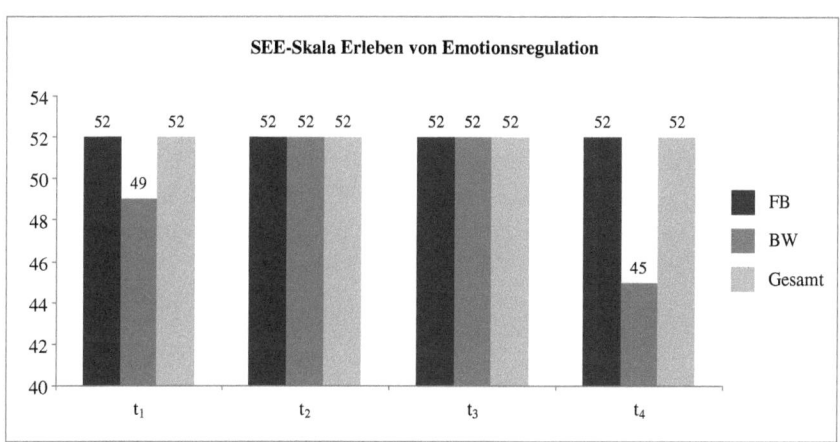

Abbildung 23 *Outcome in T-Werten für die SEE-Skala „Erleben von Emotionsregulation"*

Anmerkungen. t_1 N = 26; t_2 n = 24; t_3 n = 21; t_4 n = 18.
FB = TVS Fuhlsbüttel, BW = TVS Billwerder.

▶ *Prä-Post (t_1-t_2): „Erleben von Selbstkontrolle"*

Die Einschätzung der eigenen Selbstbeherrschung bleibt von t_1 zu t_2 insgesamt gleich und liegt stets im Normbereich. Der mittlere T-Wert der Studienteilnehmer der TVS Fuhlsbüttel ist sowohl zu t_1 als auch zu t_2 leicht höher als der entsprechende Wert der Teilstichprobe der TVS Billwerder (siehe Tabelle 23 und Abbildung 24).

Tabelle 23
Outcome in T-Werten für die SEE-Skala „Erleben von Selbstkontrolle"

SEE-Skala	Messzeit-punkt	TVS Fuhls-büttel	TVS Bill-werder	T-Wert Gesamt	Wahrer T-Wert	SD
Erleben von Selbstkontrolle	t_1	55	53	53	43,4 – 62,6	3,19
	t_2	57	51	55	45,4 – 64,6	3,03
	t_3	57	51	55	43,4 – 62,6	3,74
	t_4	57	44	53	45,4 – 62,6	4,71

Anmerkungen. t_1 N = 26; t_2 n = 24; t_3 n = 21; t_4 n = 18.

▶ *Katamnese (t_3-t_4): „Erleben von Selbstkontrolle"*

Die Katamnese-Daten zu t_3 ergeben keine Veränderung gegenüber t_2. Zu t_4 ist der mittlere T-Wert der Studienteilnehmer der TVS Billwerder deutlich ungünstiger als zu den vorherigen Messzeitpunkten (siehe Tabelle 23 und Abbildung 24), während der mittlere T-Wert der Teilstichprobe der TVS Fuhlsbüttel konstant im oberen Normbereich bleibt.

Ergebnisse der summativen Evaluation

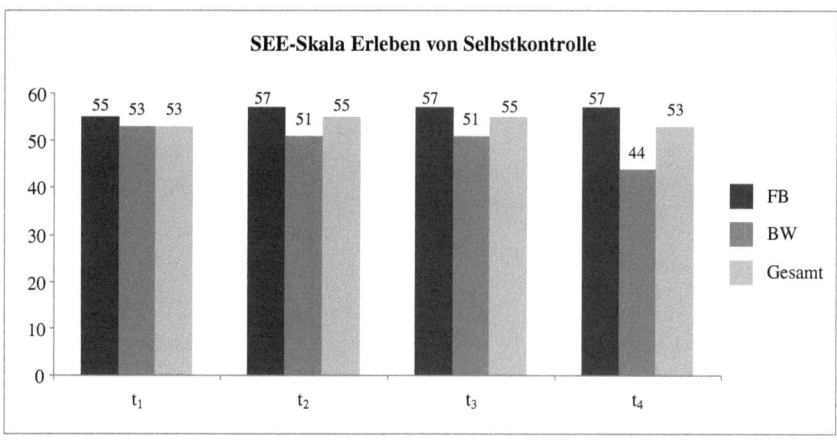

Abbildung 24 *Outcome in T-Werten für die SEE-Skala „Erleben von Selbstkontrolle"*

Anmerkungen. t_1 N = 26; t_2 n = 24; t_3 n = 21; t_4 n = 18.
FB = TVS Fuhlsbüttel, BW = TVS Billwerder.

4.9.2 Zufallskritischer Vergleich

▸ *Prä-Post (t_1-t_2)*

In fünf von sieben Skalen der SEE ergibt sich im Prä-Post-Vergleich eine *hoch signifikante* Besserung der Werte bei zugleich großen Effektstärken (siehe Tabelle 24). Lediglich für die Veränderungen im „Erleben der körperbezogenen Symbolisierung" und „Imaginative Symbolisierung von Emotionen" ergeben sich keine statistisch signifikanten Effekte.

Ergebnisse der summativen Evaluation

Tabelle 24
Prä-Post-Vergleich des „Erlebens von Emotionen" zu t_1 und t_2 nach Baseline-Adjustierung

SEE-Skalen	df	F	p	eta²
Akzeptanz eigener Emotionen	1	6,93	,015	,24
Erleben von Emotionsmangel	1	9,63	,005	,31
Erleben von Emotionsüberflutung	1	6,53	,018	,23
Körperbezogene Symbolisierung	1	2,23	,150	,10
Imaginative Symbolisierung	1	0,01	,944	,00
Erleben von Emotionsregulation	1	18,18	,000	,45
Erleben von Selbstkontrolle	1	18,75	,000	,46

Anmerkungen. n = 24.

4.10 Beurteilung des Akupunkturangebotes

Das Akupunkturangebot wurde bald nach Studienbeginn ausgesetzt. Der Grund dafür war, dass ein Studienteilnehmer während der Akupunktursitzungen heftigstes Unwohlsein entwickelte und die Akupunkturbehandlung nicht fortsetzen wollte. Dem schlossen sich alle weiteren damaligen Studienteilnehmer an. Zum Zeitpunkt der Berichtlegung ist Akupunktur wieder ein unproblematischer Bestandteil des Behandlungsangebotes der JVA Billwerder.

4.11 Bewertung der Stationsatmosphäre

Mit dem *Stationserfahrungsbogen* (SEB) von (Sammet & Schauenburg, 1999) wurde zum Messzeitpunkt t_2 erfasst, wie das Klima auf der TVS erlebt wurde (siehe Abbildung 25 für einen Überblick). Im Folgenden werden die Daten der Studienteilnehmer denen zweier nicht-forensischer klinischer Normstichproben gegenübergestellt. Die Vergleichsstichprobe „Klinische Normstichprobe/Männer" setzt sich aus 74 stationären Psychotherapiepatienten zusammen, deren Daten in 11 zumeist psychosomatischen (Reha-) Kliniken erhoben worden waren. Das Alter lag bei durchschnittlich 38 Jahren. In die Vergleichsstichprobe „PS1" gingen die Daten von 22 männlichen Psychotherapiepatienten der Station für Persönlichkeits- und Belastungsstörungen (PS1) der Klinik für Psychiatrie und Psychotherapie des Universitätsklinikums Hamburg-Eppendorf (UKE) ein (Flügel, 2006).

Ergebnisse der summativen Evaluation

Es wird deutlich, dass die Studienteilnehmer im Vergleich zur klinischen Normstichprobe auf nahezu allen Skalen – mit Ausnahme von „TEA" („Beziehung zum therapeutischen Team") in der Stichprobe der TVS Billwerder – höhere Skalenwerte aufweisen, die im SEB angesprochenen Themenbereiche also meist positiver einschätzen. Auch in der Gegenüberstellung mit den Normwerten der Vergleichsstichprobe „Patienten PS1" fallen die Einschätzungen der Studienteilnehmer der TVS Fuhlsbüttel bejahender aus als die der Psychotherapiepatienten. Auf den Skalen „KLI" („Emotionales Klima zwischen den Insassen"), „TEA" („Beziehung zum therapeutischen Team") und „ZUW" („Zuwendung durch Mitinsassen bzw. Mitpatienten") sind deren Werte dagegen besser als die der Studienteilnehmer der TVS Billwerder. Zudem hatten die Studienteilnehmer eine hohe Selbstwirksamkeitserwartung (Skala „GKE"), nahmen das Gruppenklima als gut wahr, konnten sich gut in die stationären Rahmenbedingungen einfügen, schätzten die Beziehung zum therapeutischen Team als positiv ein, erlebten die Behandlungsintensität als angemessen und fühlten sich von ihren Mitinsassen gut unterstützt. Die Stationsatmosphäre wurde also auf beiden TVS im Durchschnitt sehr positiv bewertet.

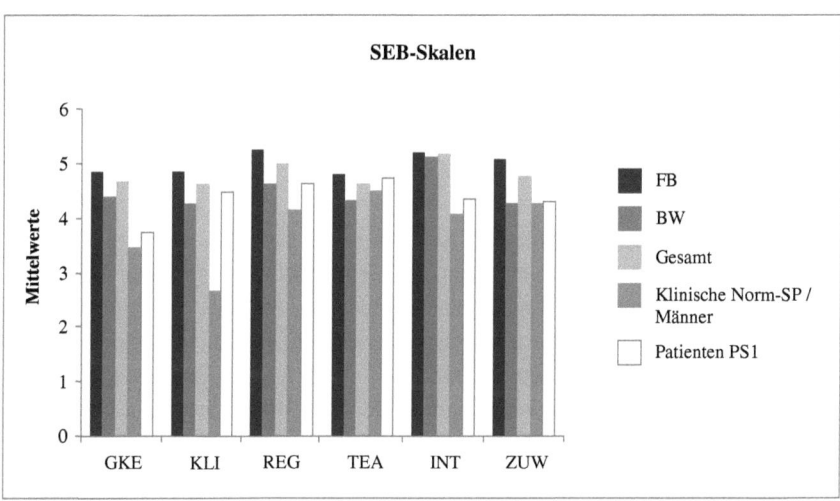

Abbildung 25 *Durchschnittliche Bewertungen der Stationsatmosphäre auf beiden TVS im Vergleich zu den Daten einer klinischen Normstichprobe (Norm-SP) und einer Stichprobe von Psychiatriepatienten (PS1)*

Anmerkungen. FB = TVS Fuhlsbüttel, BW = TVS Billwerder.
GKE: Generalisierte Kompetenzerwartung
KLI: Emotionales Klima zwischen den Insassen

Ergebnisse der summativen Evaluation

REG: Akzeptanz der Stationsordnung
TEA: Beziehung zum therapeutischen Team
INT: Intensität der Therapie
ZUW: Zuwendung durch Mitinsassen bzw. Mitpatienten

4.12 Erreichen der Therapieziele

Im Rahmen der Zugangsgruppe, die nur in der JVA Fuhlsbüttel in Vorbereitung auf die TVS durchgeführt worden ist, wurden die Studienteilnehmer über die Auseinandersetzung mit der eigenen Biografie dazu aufgerufen, ihre persönlichen Therapieziele für den Zeitraum ihres Aufenthaltes auf der TVS zu formulieren. Die Frage lautete: „Woran erkenne ich nach meiner Zeit auf der TVS, dass die Therapievorbereitung erfolgreich war?" Doch die (schriftliche) Formulierung von Zielen stellte die Studienteilnehmer auch mit Unterstützung durch die Therapeuten vor große Probleme. Es wurde bereits angemerkt, dass die Studienteilnehmer teilweise mangelnde Deutschkenntnisse bzw. fehlende Lesekompetenz aufwiesen. Dies war der Grund, warum die Therapieziele lediglich einmal – nämlich in der TVS Fuhlsbüttel – erhoben wurden und die Studienteilnehmer zu t_2, t_3 und t_4 auf entsprechende Fragen nicht antworteten.

4.12.1 Stundenbeurteilung der Zugangsgruppe und der Gesprächsgruppe

Die Bewertungen der Studienteilnehmer der unter Abschnitt 3.4 beschriebenen Gesprächsgruppen, vorgenommen über die Stundenbeurteilungsbögen (Schindler, Hohenberger-Sieber & Hahlweg, 1990a/b), liegen aus der TVS Fuhlsbüttel nur für den ersten Durchlauf vor, die Auswertung der wenigen verstreuten Rückmeldungen aus dem zweiten Durchlauf wäre selektiv und unterbleibt darum. Entsprechendes gilt für die SB-Daten der Studienteilnehmer der TVS Billwerder. Da auch die Anzahl der stattgehabten Gruppensitzungen stark variiert, wird im Folgenden nur ein Gesamtmittelwert pro stattgehabter Gruppe berichtet. Die Mittelwertbildung ist gerechtfertig durch ein annehmbar hoch ähnliches Erleben dieser Stunden.

Das Erleben der Trainingsstunden ist über den Gruppendurchschnitt und die Streuung des SB-Summenwertes allein nicht hinreichend abgebildet, da numerisch gleiche Summenwerte auf sehr unterschiedlichen Beurteilungen beruhen können. Zwei Personen könnten über drei Items hinweg beispielsweise beide den Summenwert „7" erreichen, obwohl ihre Urteile mit „1+5+1" und „3+1+3" nahezu entgegengesetzt sind. Deswegen werden hier die mittleren Einschätzungen der Trainingsstunden durch die Übereinstimmungen der einschätzenden Trainingsteilnehmer ergänzt, gemessen über den Intraklassenkoeffizienten (ICC). Nach einer von Shrout (1998) vorgeschlagenen Konvention gelten Übereinstimmungswerte von .41 bis .60 als „fair" (annehmbar).

In Tabelle 25 sind jeweils die SB-Zufriedenheitswerte gemittelt über alle Sitzungen aufgeführt. Zu keinem Zeitpunkt wurde irgendeine Gruppensitzung als unzufrieden stellend eingeschätzt. Die Wahrnehmung der Gruppensitzungen fällt in fast allen Fällen „annehmbar" homogen aus. Die „Zugangsgruppe 3" mit dem Merkmal der Biografie-Arbeit erreicht die höchsten Gesamtzufriedenheitswerte.

Tabelle 25
Zufriedenheitseinschätzungen der Insassen zu den Gesprächs- und Zugangsgruppen: Mittelwerte, Standardabweichungen (in Klammern) plus mittlere Intraklassenkoeffizienten (ICC) in den Stundenbeurteilungsbögen (SB)

Art der Gruppe	Gruppe 1		Gruppe 2		Gruppe 3	
	Zufriedenheit	ICC	Zufriedenheit	ICC	Zufriedenheit	ICC
Freie Gesprächsgruppe	42,40 (13,32)	.49	45,90 (14,45)	.54	55,89 (10,21)	.45
(Biografische) Zugangsgruppe	54,17 (11,55)	.34	53,90 (11,38)	.46	64,47 (9,98)	.49

Anmerkungen. Die Fallzahl pro Sitzung variiert stark, ebenso die Anzahl der Gruppensitzungen.

4.13 Stundenevaluation

Die Inspektion der Gruppenmittelwerte der Stundenbeurteilungsbögen (SB) ergibt insgesamt, dass sowohl die Studienteilnehmer als auch die Behandelnden mit dem Verlauf der Gruppensitzungen im Fertigkeitentraining und im Rückfallprophylaxe-Training überwiegend zufrieden waren. Beim Einsatz der SB gab es das Problem der geringen Akzeptanz dieses Instrumentes, was zu unterschiedlichen Fallzahlen der zurückgegebenen Bögen führte. (Darauf wird im Diskussionsteil eingegangen.) Die Zufriedenheitswerte der Sitzungen können Werte zwischen 20 und 80 Punkten erreichen, wobei ein Wert unter 40 laut Manual als Unzufriedenheit interpretiert wird.

▶ *Stundenbeurteilungen des Fertigkeitentrainings*

TVS Fuhlsbüttel: Wie aus Abbildung 26 ersichtlich ist, bewerten die Studienteilnehmer der TVS Fuhlsbüttel das Fertigkeitentraining insgesamt besser als die Therapeuten. Auf Gruppenebene scheint ein leichter Anstieg der Zufriedenheit über den Behandlungszeitraum hinweg feststellbar. Dieser ist jedoch aufgrund der teilweise stark variierenden Teilnehmerzahlen bzw. fehlender Stundenbeurteilungsbögen nicht zufallskritisch prüfbar. Bei den Therapeuten scheint diese Entwicklung eher gegenläufig. Zum Teil weichen die Zufriedenheitswerte (z. B. für Sitzung 2, Sitzung 4 und Sitzung 14) optisch stark voneinander ab, was vermuten lässt, dass die Therapeuten bei der Stundenbeurteilung kritischer waren als die Teilnehmer.

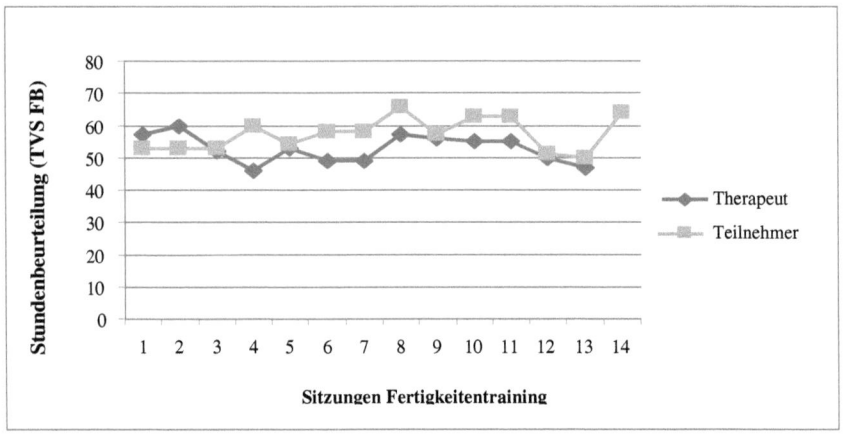

Abbildung 26 *Stundenbeurteilung des Fertigkeitentrainings auf der TVS Fuhlsbüttel (Therapeut vs. Studienteilnehmer)*

Anmerkungen. Für die letzten drei Sitzungen des Fertigkeitentrainings liegen nur die Stundenbeurteilungen von je drei Studienteilnehmern vor, für die 14. Sitzung fehlt die Stundenbeurteilung des/der Therapeuten.

TVS Billwerder: Wie aus Abbildung 27 ersichtlich ist, bewerten die Studienteilnehmer der TVS Billwerder das Fertigkeitentraining ebenfalls insgesamt besser als die Therapeuten. Der durchschnittliche Zufriedenheitswert für das Fertigkeitentraining liegt bei den Studienteilnehmern der TVS Billwerder bei 60, die Stundenbeurteilungen variieren zwischen 55 und 65 Punkten. Die Behandelnden vergaben Punktwerte von 54 bis 61, der Durchschnittswert ihrer Zufriedenheit mit dem Fertigkeitentraining beträgt 61.

Ergebnisse der summativen Evaluation

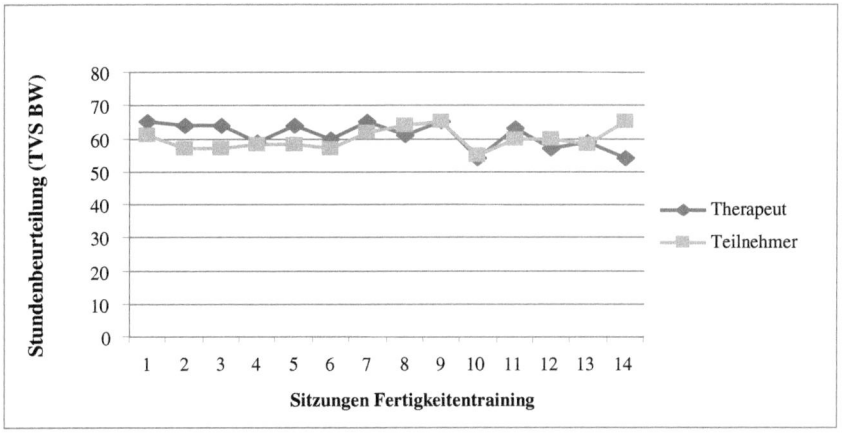

Abbildung 27 *Stundenbeurteilung des Fertigkeitentraining auf der TVS Billwerder (Therapeut vs. Studienteilnehmer)*

▶ *Übereinstimmung in den Stundenbeurteilungen*

Nach Tabelle 26 scheint die Wahrnehmung der Trainingsstunden ab dem zweiten Durchgang der jeweiligen Trainings im Sinne von Shrout (1998) „annehmbar" homogen auszufallen, vgl. die ICC-Werte der TVS „Fuhlsbüttel" und „Billwerder". Wie im Diskussionsteil noch einmal aufgegriffen wird, lässt sich dies so verstehen, dass den Insassen der „Sinn" der Trainingsinhalte vor dem Hintergrund des Erfahrungszugewinns von Durchgang 1 besser vermittelt werden konnte.

Tabelle 26
Übereinstimmungen in den Stundenbeurteilungen der Insassen zum Fertigkeiten- und Rückfallprophylaxe-Training: mittlere Intraklassenkoeffizienten (ICC), Standardabweichungen (in Klammern) und Spannweiten

TVS	Durchgang	Fertigkeiten-Training		Rückfallprophylaxe-Training	
		ICC	Spanne	ICC	Spanne
Fuhlsbüttel	1	.20 (0.14)	0 – .63	.20 (0.15)	0 – .38
Fuhlsbüttel	2	.56 (0.15)	.33 – .77	.56 (0.13)	.37 – .75
Billwerder	3	.48 (0.18)	.26 – .85	.52 (0.13)	.26 – .74

Anmerkungen. Die Fallzahl pro Sitzung variiert, weil einige Teilnehmer trotz zugesicherter Anonymität der Auswertung keine Stundenbeurteilungsbögen ausfüllen wollten.

Ergebnisse der summativen Evaluation

▶ *Stundenbeurteilung des Rückfallprophylaxe-Trainings*
TVS Fuhlsbüttel: Die Bewertungen der Studienteilnehmer der TVS Fuhlsbüttel für die dort durchgeführten neun Sitzungen des Rückfallprophylaxe-Trainings variieren zwischen 52 und 70 Punkten, der durchschnittliche Zufriedenheitswert liegt bei 58. Die Behandelnden beurteilten die Stunden mit Werten von 39 bis 58, im Durchschnitt ergibt sich ein Zufriedenheitswert von 51 (siehe Abbildung 28). Wie bereits das Fertigkeitentraining, wird auch das Rückfallprophylaxe-Training von den Studienteilnehmern aus der TVS Fuhlsbüttel insgesamt besser beurteilt als von den Therapeutinnen und Therapeuten. In den Sitzungen 8 und 9 divergieren die Zufriedenheitswerte am stärksten.

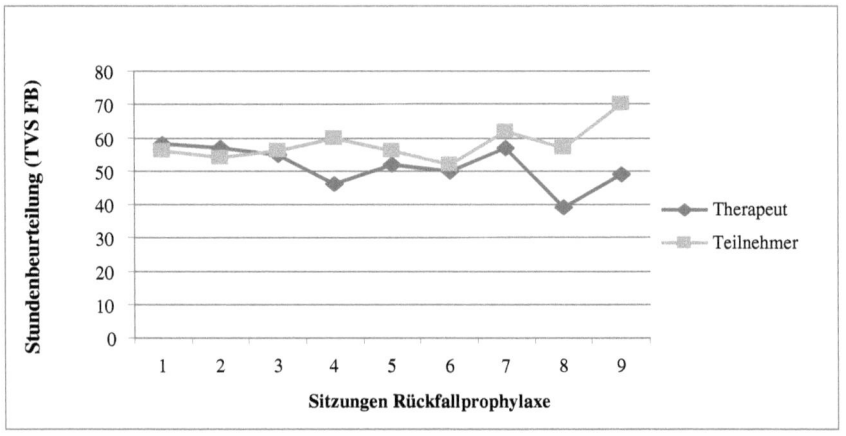

Abbildung 28 *Stundenbeurteilung des Rückfallprophylaxe-Trainings auf der TVS Fuhlsbüttel (Therapeut vs. Studienteilnehmer)*

TVS Billwerder: Der durchschnittliche Zufriedenheitswert für das Rückfallprophylaxe-Training, das auf der TVS Billwerder über zehn Sitzungen stattgefunden hat, liegt bei M = 54 für die Studienteilnehmern, die Stundenbeurteilungen variieren zwischen 44 und 63 Punkten (siehe Abbildung 29). Die Behandelnden vergaben Punktwerte von 36 bis 59, der Durchschnittswert ihrer Zufriedenheit mit den Sitzungen des Rückfallprophylaxe-Trainings beträgt M = 50,5. Studienteilnehmer und Therapeutinnen und Therapeuten bewerteten ihre Zufriedenheit mit den einzelnen Sitzungen sehr unterschiedlich, am stärksten weichen die Beurteilungen für Sitzung 1 und Sitzung 4 voneinander ab.

Ergebnisse der summativen Evaluation

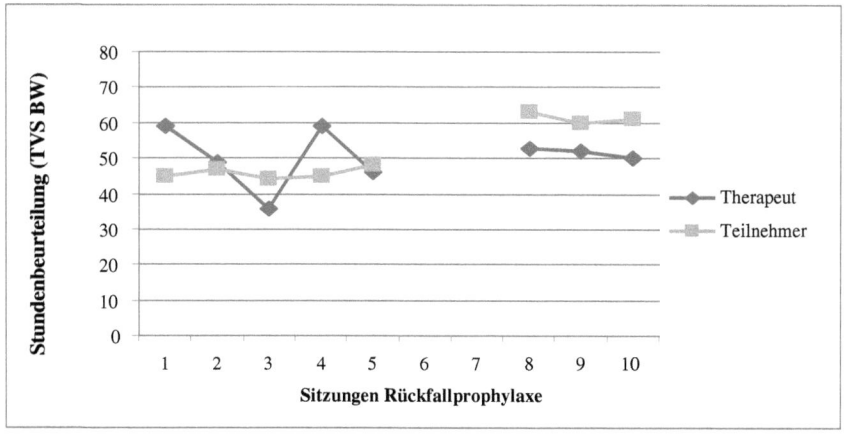

Abbildung 29 *Stundenbeurteilung des Rückfallprophylaxe-Trainings auf der TVS Billwerder (Therapeut vs. Studienteilnehmer)*

Anmerkungen. Zu den Sitzungen 6 und 7 liegen aus der TVS Billwerder keine Stundenbeurteilungsprotokolle vor.

▶ *Befragung zu förderlichen und hinderlichen Faktoren der Trainingssitzungen*

Zu den förderlichen und hinderlichen Faktoren der Trainingssitzungen befragt, gaben die Studienteilnehmer in den Freitextzeilen der Stundenbeurteilungsbögen an, dass sie die Offenheit, Ehrlichkeit und Mitarbeit der anderen Gruppenmitglieder als besonders förderlich erachteten. Auch das entgegengebrachte Verständnis und die geduldigen Erklärungsweisen der Therapeutinnen und Therapeuten wurden als förderlich betrachtet, genauso wie die Möglichkeit, über Themen und Probleme reden zu können, die für die Studienteilnehmer relevant sind. Die Therapeuten gaben ihrerseits ebenfalls die Offenheit und Mitarbeit der Studienteilnehmer als wichtiges Kriterium für das Gelingen einer Gruppensitzung an und bewerteten mangelnde Mitarbeit als hinderlich. Auch seien manche Themen im Fertigkeitentraining nach Meinung der Therapeutinnen und Therapeuten zu abstrakt und wenig konkret geblieben. Die Studienteilnehmer bewerteten ihrerseits eine geringe Mitarbeit in der Gruppe sowie Zeitdruck und die mangelnde Möglichkeit, eigene Anliegen in den Gruppensitzungen einbringen zu können, als hinderliche Faktoren. Vor allem die übermäßige Zentrierung auf individuelle persönliche Probleme wurde von einigen Studienteilnehmern als hinderlich empfunden, weil es ihnen dadurch schwer fiel, sich darüber hinaus noch am Gruppengeschehen zu beteiligen.

4.14 Outcome auf individueller Ebene

4.14.1 Individueller Outcome je verwendeter Fragebogenskala

Im folgenden Abschnitt werden die Reliable-Change-Berechnungen für den RCI „V_{infer}" berichtet. Dieser RCI gibt an, wie viel Prozent der Studienteilnehmer sich *individuell und überzufällig* (mit 5 % Irrtumswahrscheinlichkeit) gebessert haben. Der jeweilige RCI-Prozentsatz wird mitgeteilt für den „Fragebogen zur Psychotherapiemotivation" (FPTM-23), die „Heidelberger Skalen zur Abstinenzzuversicht" (HEISA-16), die „Skalen zum Erleben von Emotionen" (SEE), die GSI-9 (SCL-K-9) und die Subskala „Somatisierung" der „Symptom-Checklist-90-R" (SCL-90-R). Die RCIs werden differenziert berichtet nach insgesamt 20 Fragebogenskalen, getrennt nach den Ergebnissen auf der TVS Fuhlsbüttel und der TVS Billwerder, sowie unterschieden nach *Per-protocol-Analyse* (PP; bezogen auf alle n = 24 Completer, welche die Maßnahme komplett durchlaufen haben) und *Intention-to-treat-Analyse* (ITT; bezogen auf alle ursprünglich in die Maßnahme einbezogenen N = 26), wobei Abbrecher bzw. Drop-outs *per definitionem* als „Nonresponder" gelten. Über die aggregierten RCI-Out-comes wird die Responderquote für die kurzfristige Effektivität der komplexen TVS-Intervention bestimmt als Teil der Beantwortung der Primärfragestellung der Studie (siehe Tabelle 27).

Ergebnisse der summativen Evaluation

Tabelle 27
Outcome in Reliable-Change-Werten (RCIs): Überzufällige Besserungen für a ≤.05 für die Zeitpunkte t_1-t_2 differenziert nach Skalen und Analysemodus (in %)

Fragebogen-Skala	Analysemodus	
	% RCI PP	% RCI ITT
FPTM-23		
Psychischer Leidensdruck	41,7	38,5
Hoffnung	50,0	46,2
Verneinung psychischer Hilfsbedürftigkeit	4,2	3,8
Wissen	75,0	69,2
Initiative	8,3	7,7
Symptombezogene Zuwendung durch andere	29,2	26,9
HEISA-16		
Unangenehme Gefühlszustände	58,3	53,8
Versuchung und Verlangen	75,0	69,2
Leichtsinnigkeit im Denken	41,7	38,5
Angenehme Gefühle	100,0	92,3
Von Teilabstinenz auf ganze Abstinenz	4,2	3,9
SEE		
Akzeptanz eigener Emotionen	4,2	3,8
Erleben von Emotionsmangel	75,0	69,2
Erleben von Emotionsüberflutung	34,6	37,5
Körperbezogene Symbolisierung von Emotionen	50,0	46,2
Imaginative Symbolisierung von Emotionen	37,5	34,6
Erleben von Emotionsregulation	83,3	76,9
Erleben von Selbstkontrolle	29,2	26,9
SCL-90-R Physische Symptombelastung (Somatisierung)	4,2	3,8
SCL-K-9 Psychische Symptombelastung (GSI-9)	0	0

Anmerkungen. PP = *Per-protocol-Analyse* (n = 24); ITT = *Intention-to-treat-Analyse* (N = 26). Drop-outs gelten *per definitionem* als „Nonresponder".

Ergebnisse der summativen Evaluation

Nach Tabelle 27 kommt es im FPTM-23, im HEISA-16 und den SEE-Skalen zu deutlichen individuellen Besserungen, nicht jedoch in der SCL-90-R und SCL-K-9. Die Studienteilnehmer des gesamten Untersuchungskollektivs aus beiden TVS-Teilstichproben berichten vor allem von Wissenszuwachs und erhöhter Hoffnung, von günstigerem Affekterleben, gebesserter Affektregulation und Selbstkontrolle sowie von erhöhter Abstinenzzuversicht. Die Werte nach *Per-protocol*-(PP) und *Intention-to-treat*-(ITT)-*Analyse* differieren deswegen kaum, weil es von t_1 zu t_2 von N = 26 nur zwei Drop-outs gab (7,7 %).

Tabelle 28 gibt die gleichen PP-Werte wie in voriger Tabelle 27 wieder, jedoch getrennt nach den beiden TVS. Sowohl im nonparametrischen Mann-Whitney-U-Test wie auch im t-Test werden die Unterschiede zwischen TVS Fuhlsbüttel und TVS Billwerder nicht signifikant, wobei der t-Test bei $n_1 = n_2 = 20$ über genügend theoretische Power verfügt hätte, um etwaige große Unterschiede zu entdecken. Dies gestattet die Aussage, dass sich die Studienteilnehmer der beiden TVS im hier erfassten Outcome nicht systematisch unterscheiden. Mit dieser Aussage wird im Übrigen nicht behauptet, dass beide Outcomes gänzlich äquivalent seien, sondern nur vernachlässigbar unterschiedlich.

Tabelle 28
Per-protocol-Outcome in Reliable-Change-Werten (in % RCIs): Überzufällige Besserungen für a ≤.05 für die Zeitpunkte t_1-t_2 differenziert nach Skalen und TVS

Fragebogen-Skala	TVS Fuhlsbüttel (n = 15)	TVS Billwerder (n = 9)
FPTM-23		
Psychischer Leidensdruck	46,7	33,3
Hoffnung	60,0	33,3
Verneinung psychischer Hilfsbedürftigkeit	6,7	0
Wissen	80,0	66,7
Initiative	6,7	11,1
Symptombezogene Zuwendung durch andere	26,7	33,3
HEISA-16		
Unangenehme Gefühlszustände	73,3	33,3
Versuchung und Verlangen	86,4	55,6
Leichtsinnigkeit im Denken	60,0	11,1
Angenehme Gefühle	100,0	100,0

Ergebnisse der summativen Evaluation

Fragebogen-Skala	TVS Fuhlsbüttel (n = 15)	TVS Billwerder (n = 9)
[a] Zielsetzung von Teilabstinenz auf ganze Abstinenz	0	12,5
SEE		
Akzeptanz eigener Emotionen	6,7	0
Erleben von Emotionsüberflutung	40,0	33,3
Erleben von Emotionsmangel	80,0	66,7
Körperbezogene Symbolisierung von Emotionen	40,0	66,7
Imaginative Symbolisierung von Emotionen	33,3	44,4
Erleben von Emotionsregulation	73,3	100,0
Erleben von Selbstkontrolle	40,0	11,1
SCL-90-R Physische Symptombelastung (Somatisierung)	0	11,1
SCL-K-9 Psychische Symptombelastung (GSI-9)	0	0

Anmerkungen. [a] Angaben aufgrund einfacher Prozente.

4.14.2 Individueller Outcome nach Zielpersistenz

Die nachstehende Tabelle 29 gibt wieder, inwiefern die Studienteilnehmer ihre zu t_1 gefassten Abstinenzziele aufrecht erhielten oder änderten („Zielskala" zum HEI-SA-16). Qua Inspektion weisen die Studienteilnehmer der beiden TVS folgenden Unterschied auf, was ihre initialen Zielsetzungen betrifft sowie ihre Zielpersistenz von t_1 zu t_2: Die Studienteilnehmer der TVS Billwerder streben im Vergleich zu den Studienteilnehmern der TVS Fuhlsbüttel deutlich weniger (PP: 82,4 % zu 44,4 %) eine gänzliche Abstinenz an und behalten ihre zu t_1 gesetzten Ziele auch seltener bei (PP: 93 % zu 78 %).

Die Studienteilnehmer der TVS Billwerder gingen offenbar prozentual seltener mit einer Absicht zu völliger Abstinenz in ihre Maßnahme, scheinen aber – wie oben gesehen – in Wissenszuwachs, günstigerem Affekterleben und gebesserter Affektregulation und Selbstkontrolle ähnlich profitiert zu haben wie die Studienteilnehmer der TVS Fuhlsbüttel.

Tabelle 29
Per-protocol- und Intention-to-treat-Outcome in Zielsetzung und Zielpersistenz gemäß „Zielskala"
zum HEISA-16 (in %)

Zielsetzung / Zielpersistenz	Messzeitpunkt	Per protocol		Intention-to-treat	
		Fuhlsbüttel (n = 15)	Billwerder (n = 9)	Fuhlsbüttel (n = 17)	Billwerder (n = 9)
Abstinenz	t_1	82,4	44,4	82,4	44,4
	t_2	70,6	55,6	70,6	55,6
Ziel abgesenkt	$t_1 \to t_2$	6,7	11,1	17,5	11,1
Ziel beibehalten	$t_1 \to t_2$	93,3	77,8	82,5	77,8

Anmerkungen. Für die TVS Billwerder ist per protocol = Intention-to-treat.

4.14.3 Individueller Outcome über alle Fragebogenskalen aggregiert

Abbildung 30 zeigt die berichteten RCI-Besserungen aggregiert über die erfassten Gebiete „Behandlungsbereitschaft", „Abstinenzzuversicht", „Impulskontrolle" und „Somatisierung". Theoretisch wären 0 bis 20 Besserungen möglich, empirisch reicht die Spanne von 4 bis 16. Nachfolgende Berechnungen beziehen sich auf die empirisch beobachtete Spanne.

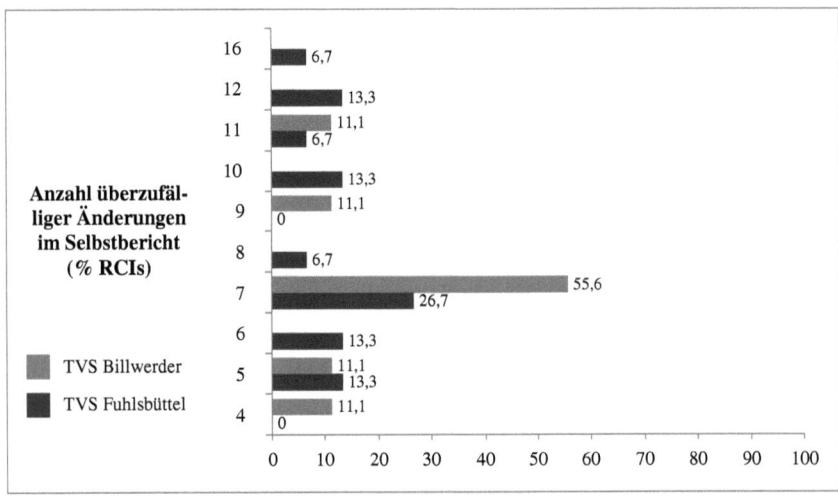

Abbildung 30 Per-protocol- und Intention-to-treat-Outcome über alle Gebiete in Reliable-Change-Werten (RCIs)

Ergebnisse der summativen Evaluation

Anmerkungen. Aufsummierte überzufällige Besserungen für $p \leq .05$ für die Zeitpunkte t_1-t_2 differenziert nach TVS (in %). Sowohl für PP wie auch für ITT liegt der Median in beiden TVS bei MD = 7. Für die TVS Billwerder ist PP = ITT.

Sowohl nach PP-Analysemodus als auch nach ITT-Analysemodus liegt der Median für beide TVS bei MD = 7 von 16 erreichbaren Besserungen gemäß RCI. Aus der TVS Fuhlsbüttel schildern die Studienteilnehmer zu 76,4 % (ITT) bzw. 73,4 % (PP) auf mindestens sieben Skalen Besserungen, aus der TVS Billwerder schildern die Studienteilnehmer zu 77,8 % (ITT = PP) mindestens sieben Besserungen. Bezogen auf das gesamte Untersuchungskollektiv berichten 75,0 % (PP) von Besserungen bzw. 67,3 % (ITT). – Die Schwelle von mindestens sieben Besserungen lässt sich zufallskritisch absichern. Im Binomialtest ist die Wahrscheinlichkeit, dass von maximal n = 16 Ereignissen mindestens x = 7 eintreten, signifikant für α = .027, wenn man Zufallseinflüssen mit π = .20 relativ viel Platz einräumt (Bortz, Lienert & Boehnke, 2000). Bei einem sehr geringen Zufallseinfluss von π = .05 würde diese Wahrscheinlichkeit bei α = .000 liegen und von n = 16 Ereignissen wäre bereits das Eintreten von mindestens n = 3 für α = .043 signifikant. Zusammenfassend scheint es gerechtfertigt, Studienteilnehmer mit RCI-Besserungen auf mindestens sieben Skalen als überzufällig gebessert betrachten zu können.

4.14.4 Individueller Outcome nach Behandlungsbereitschaft und Impulskontrolle

Unter der eher restriktiven Perspektive, dass man nur solche Studienteilnehmer als Responder ansehen will, die drei und mehr RCI-Besserungen sowohl im FPTM-23 als auch im SEE aufweisen, ergeben sich die Daten aus Tabelle 30. Danach würde man 33,3 % (8 von 24; PP) der Studienteilnehmer bzw. 30,8 % (8 von 28; ITT) als Responder ansehen. – Für diese Berechnung wurden deswegen nur die FPTM- und SEE-Werte herangezogen, weil diese für die Ziele der hier untersuchten TVS zentral sind. Der HEISA wurde hierfür nicht verwendet, da laut Manual empfohlen wird, den HEISA-16 nur einzusetzen, wenn der Proband auf die Frage „Welches Ziel streben Sie zur Zeit im Umgang mit Ihrer Problemdroge an?" mit der Absicht antwortet, mindestens „die meiste Zeit clean [zu] bleiben". Dies war (wie in Tabelle 29 dargestellt) nicht bei allen Studienteilnehmern der Fall.

Tabelle 30
Restriktive Responderquote, gebildet aus den RCI-Besserungen im FPTM-23 und im SEE-Fragebogen

		Besserungen in der Impulskontrolle (SEE) in %						
		0	1	2	3	4	5	7
Besserungen in der Behandlungsbereitschaft (FPTM-23) in %	1	-	4,2	16,7	16,7	4,2	-	-
	2	-	8,3	-	4,2	4,2	4,2	-
	3	4,2	-	-	**8,3**	**4,2**	**12,5**	-
	4	-	-	-	-	-	4,2	-
	5	-	-	-	-	-	-	4,2

Anmerkungen. Der Prozentsatz der Probanden mit drei und mehr Besserungen sowohl im FPTM-23 als auch im SEE ist durch Fettdruck hervorgehoben.

4.15 Zusammenfassung der Ergebnisse

▸ *Haltequoten und katamnestische Erreichbarkeit*
Es begannen insgesamt N = 26 Insassen der JVA Fuhlsbüttel und der JVA Billwerder eine komplexe Maßnahme auf einer „Therapievorbereitenden Station" (TVS), mit einer Haltequote von 92,3 % beendeten n = 24 diese Maßnahme. Zum 3-Monats-Follow-up (t_3) wurden 80,8 % und zum 6-Monats-Follow-up (t_4) wurden 69,2 % katamnestisch erreicht. Von den sich jeweils in Freiheit befindenden Studienteilnehmern haben zu t_3 33,3 % und zu t_4 61,1 % eine therapeutische Anschlussmaßnahme zumindest begonnen. Von diesen haben 45,5 % ihre Therapie regulär beendet, die anderen haben vorzeitig abgebrochen.

▸ *Soziodemografie*
Der Altersdurchschnitt der Studienteilnehmer liegt zum Zeitpunkt t_1 bei 33,4 Jahren mit einer Altersspanne von 22 bis 60 Jahren, die Mehrheit der Studienteilnehmer ist unter 30 Jahre alt. Im Durchschnitt verbüßten die Studienteilnehmer in der Vergangenheit 3,5 Haftstrafen. Die meisten Studienteilnehmer haben entweder keine Berufsausbildung begonnen oder diese nicht abgeschlossen (65,4 %), die Hälfte aller Studienteilnehmer verfügt über keinen Schulabschluss. Der Altersdurchschnitt der Studienteilnehmer bei Erstinhaftierung beträgt 23,4 Jahre mit einer Altersspannweite von 15 bis 44 Jahren. Die Dauer der insgesamt zu verbüßenden Haftstrafen liegt zwischen 26 und 180 Monaten auf der TVS Fuhlsbüttel (im Mittel

Ergebnisse der summativen Evaluation

56,0 Monate) und zwischen zwei und sechs Monaten auf der TVS Billwerder (im Mittel 3,6 Monate). Ein Großteil der Studienteilnehmer (42,3 %) hatte zuvor noch keinen Therapieversuch zur Behandlung der eigenen Suchtstörung unternommen.

▶ *Strukturiertes Klinisches Interview (SKID-I und SKID-II)*
Lediglich von dreien der 26 Studienteilnehmer (8,3 %) werden die Kriterien für eine Suchtstörung nicht voll erfüllt, 91,7 % erhielten eine Suchtdiagnose. Aufgrund der Aktualprävalenzen wurde 16-mal eine Diagnose „dissoziale Persönlichkeitsstörung" (76,2 %) gestellt, eine Diagnose „Borderline-Persönlichkeitsstörung" 7-mal (33,3 %).

▶ *Stationsklima auf der TVS*
Insgesamt nahmen die Studienteilnehmer im „Stationserfahrungsbogen" (SEB) das Gruppenklima als gut wahr, konnten sich gut in die stationären Rahmenbedingungen einfügen, schätzten die Beziehung zum therapeutischen Team als positiv ein (wenngleich weniger positiv als stationär behandelte Psychiatriepatienten), erlebten die Behandlungsintensität als angemessen und fühlten sich von ihren Mitinsassen gut unterstützt. Die Angaben der Studienteilnehmer der TVS Fuhlsbüttel lagen dabei im Durchschnitt höher als die Angaben der TVS Billwerder.

▶ *Fertigkeiten- und Rückfallprophylaxe-Training*
Über die „Stundenbeurteilungsbögen" (SB), einem Zufriedenheitsmaß, ergibt sich, dass sowohl die Studienteilnehmer als auch die Therapeuten der TVS mit dem Verlauf der Gruppensitzungen im Fertigkeitentraining und im Rückfallprophylaxe-Training überwiegend zufrieden waren. Diese Einschätzung war annehmbar homogen, also relativ einhellig. Beim Einsatz der SB gab es allerdings das Problem einer geringen Akzeptanz dieses Instrumentes, was zu (mitunter stark) unterschiedlichen Fallzahlen der zurückgegebenen Bögen führte.

▶ *Zugangsgruppe und Gesprächsgruppe*
Die Wahrnehmung beider Arten von Gruppensitzungen fällt ähnlich gut und jeweils annehmbar homogen aus. Die Zugangsgruppe mit dem Merkmal der Biografie-Arbeit erreicht qua Inspektion geringfügig höhere Gesamtzufriedenheitswerte.

▶ *Verbesserungen auf Gruppenebene in Selbstberichten*
In den Fragebogenskalen zur Psychotherapiemotivation (FPTM-23) ergeben sich von t_1 zu t_2 im Durchschnitt vier Verbesserungen außer in den Skalen „Symptom-

bezogene Zuwendung [sekundärer Krankheitsgewinn]" und „Wissen". In allen vier Skalen zur Abstinenzzuversicht (HEISA-16) berichten die Studienteilnehmer von Besserungen, nicht alle jedoch von einem expliziten Abstinenzvorsatz: Die Studienteilnehmer der TVS Billwerder streben mit 44,4 % in niedrigerem Maße als diejenigen der TVS Fuhlsbüttel (82,4 %) nach Abstinenz und senken ihr zu t_1 gesetztes Zielniveau auch häufiger ab. Qua Inspektion bleibt die eher hohe Abstinenzzuversicht nach Beendigung der Maßnahme auf allen vier Subskalen der HEISA-16 im Mittel konstant. Die psychische (GSI-9) und die physische Symptombelastung („Somatisierung" der SCL-90-R) ändert sich von t_1 zu t_2 nicht. Im Fragebogen zur Emotions- bzw. Impulsregulation (SEE) werden Verbesserungen in sieben von neun Skalen berichtet; keine Verbesserungen finden sich in „Körperbezogene Symbolisierung von Emotionen" und in „Imaginative Symbolisierung von Emotionen". Die t_1-t_2-Ergebnisse beruhen auf Baseline-adjustierten Kovarianzanalysen.

▸ *Verbesserungen auf Individualebene in Selbstberichten*
Über Reliable-Change-Indizes (RCIs) wurden überzufällige individuelle Verbesserungen von t_1 zu t_2 festgestellt (differenziert nach Per-protocol- und Intention-totreat-Outcome). Der Median für diese Besserungen liegt bei MD = 7 von 16 Skalen; Studienteilnehmer mit RCI-Besserungen auf mindestens „7" als „gebessert" zu betrachten, lässt sich im Binomialtest für α = .043 gegen den Zufall absichern. Die Studienteilnehmer der beiden TVS unterscheiden sich in den RCIs nicht systematisch; sie berichten vor allem von Wissenszuwachs, günstigerem Affekterleben, gebesserter Affektregulation und Selbstkontrolle. – Nimmt man den Median von sieben überzufälligen Verbesserungen als Kriterium, so lassen sich 75,0 % (PP) bzw. 67,3 % (ITT) als *Responder* im Sinne der kurzfristigen Effektivität der TVS ansehen. Nach einem restriktiveren Kriterium (*sowohl* Besserungen im FPTM-23 *als auch* im SEE-Fragebogen müssen vorliegen) würde man 33,3 % (PP) der Studienteilnehmer bzw. 30,8 % (ITT) als Responder ansehen.

▸ *Verschlechterungen und Nicht-Besserungen zu t_1-t_2-t_3-t_4*
Abstinenzziele laut „Zielskala": Die Studienteilnehmer aus der TVS Billwerder streben – verglichen mit denen aus der TVS Fuhlsbüttel – deutlich weniger eine gänzliche Abstinenz an (PP: 82 % zu 44 %) und behalten ihre zu t_1 gesetzten Ziele auch etwas seltener bei (PP: 93 % zu 78 %).
Psychische und physische Symptombelastung: Die jeweiligen Belastungswerte in der SCL-K-9 und der Somatisierungsskala der SCL-90-R verschlechtern sich über die Zeit, wenn auch bei den Studienteilnehmern der TVS Fuhlsbüttel geringfügiger als bei denen der TVS Billwerder.

Emotionsregulation: Im SEE bleiben nach Verlassen der TVS die Werte zur „Imaginativen Symbolisierung von Emotionen" (d. h. der Umgang mit Tagträumen und Fantasien) unverändert, das „Erleben von Emotionsmangel" (d. h. innere Leere) verschlechtert sich ebenso wie die „Körperbezogene Symbolisierung" (d. h. der Umgang mit Körpersignalen), das Niveau des „Erlebens von Emotionsregulation" (Stimmungskontrolle) und des „Erlebens von Selbstregulation" bleibt von t_1 zu t_4 praktisch gleich mit gewissen Verschlechterungen bei Studienteilnehmern der TVS Billwerder.

5 Diskussion

P.-M. Sack, S. S. Kindermann, Ch. Baldus, R. Thomasius

Im Rahmen der Evaluation einer Therapievorbereitungsstation (TVS) für drogenabhängige und -missbrauchende Gefangene im hamburgischen Strafvollzug wurde der primären Fragestellung nachgegangen, ob das multimodale Behandlungsprogramm, welches die TVS darstellt, einen Einfluss auf die Therapiemotivation der Insassen gemessen über die Haltequote auf der TVS hat und ob die Insassen nach der Haftentlassung eine weiterführende Behandlung in Anspruch nehmen. Sekundäre Zielgrößen sind die Erhöhung und Aufrechterhaltung der Abstinenzmotivation und die Verbesserung der psychischen Befindlichkeit. Gemäß Carroll und Nuro (2002) handelt es sich um eine *Stage-1-Studie* ohne Kontrollgruppe. In einem Prä-Post-Katamnese-Design wurden die Daten der Studienteilnehmer zu insgesamt vier Messzeitpunkten erhoben. Das Fehlen der Kontrollgruppe sollte durch Verwendung von Referenzdaten und Normstichproben relativiert werden.

Die Gesamtstichprobe bestand zum Zeitpunkt t_1 aus N = 26 männlichen Studienteilnehmern, die sich aus je einer Teilstichprobe von 17 Studienteilnehmern der Justizvollzugsanstalt (JVA) Fuhlsbüttel und neun Studienteilnehmern der JVA Billwerder zusammensetzte. Der Altersdurchschnitt der Studienteilnehmer lag zum Zeitpunkt t_1 bei 33,4 Jahren mit einer Altersspanne von 22 bis 60 Jahren. Im Durchschnitt verbüßten die Studienteilnehmer in der Vergangenheit 3,5 Haftstrafen. Von den Studienteilnehmern hatten 42,3 % zuvor noch keinen Therapieversuch zur Behandlung ihrer Suchtstörung unternommen. Die meisten Studienteilnehmer haben entweder keine Berufsausbildung begonnen oder diese nicht abgeschlossen (65,4 %), die Hälfte aller Studienteilnehmer verfügt über keinen Schulabschluss. Die Dauer der insgesamt zu verbüßenden Haftstrafen lag zwischen 26 und 180 Monaten auf der TVS Fuhlsbüttel (im Mittel 56,0 Monate) und zwischen zwei und sechs Monaten auf der TVS Billwerder (im Mittel 3,6 Monate).

Diskussion

5.1 Bewertung des primären Outcome-Kriteriums unter Berücksichtigung besonderer Merkmale der Gesamtstichprobe

▶ *Sprachkompetenz und Abstraktionsfähigkeit*
Das Projektteam sah sich bereits in der Planungsphase der Studie mit erwartbaren Schwierigkeiten in der Zusammenarbeit mit von Suchtstörungen Betroffenen im Strafvollzug konfrontiert, was deren therapeutische Zugänglichkeit (Einsicht, Leidensdruck), die motivationalen und selbstregulativen Voraussetzungen sowie die kognitiven Fähigkeiten („Introspektionsfähigkeit") betrifft. Im Einleitungsteil des vorliegenden Berichtes wurde dargelegt, dass es sich bei den Insassen einer JVA im Allgemeinen um eine schwierige Klientel handelt, die neben einer komplexen individuellen Psychodynamik auch kognitive Defizite aufweist (vgl. AWMF, 2008; Schalast, 2006). Auch in der Gesamtstichprobe der vorliegenden Untersuchung bestätigte sich dies: die Hälfte aller Studienteilnehmer verfügte über keinen Schulabschluss und die meisten (65,4 %) hatten entweder gar keine oder keine abgeschlossene Berufsausbildung. Zwar besaß die Mehrzahl der Studienteilnehmer die deutsche Staatsbürgerschaft (73,3 %), Deutschkenntnisse waren jedoch bei vielen, bedingt durch das niedrige Bildungsniveau und/oder einen Migrationshintergrund, mangelhaft. Dieser Umstand erschwerte zum einen die Datenerhebung – einige Studienteilnehmer konnten die Fragebögen nur mit Unterstützung auszufüllen – und zum anderen die Vermittlung der therapeutischen Inhalte im Rahmen der Behandlungsmaßnahme auf der TVS, obwohl diese im Vorfeld stark vereinfacht wurden. So zeigten sich die Studienteilnehmer in der Zugangsgruppe bei der Formulierung handlungsorientierter eigener Therapieziele überfordert und waren nicht in der Lage, diese nach Abschluss der Maßnahme „TVS" hinsichtlich ihres Erreichens zu bewerten. Daher kann die Umsetzung der Zielvorhaben nicht als belastbare Größe für den Behandlungserfolg herangezogen werden und ist nicht näherer Gegenstand dieser Diskussion.

▶ *Suchtstörungen und Persönlichkeitsstörungen*
Ein Erschwernis für eine erfolgreiche und nachhaltige Therapie bzw. Intervention bei Straftätern mit Suchtstörungen stellen die häufig vorliegenden psychisch komorbiden Störungen dar, die sowohl den Behandlungszugang als auch den Aufbau einer tragfähigen therapeutischen Beziehung beeinträchtigen können (AWMF, 2008; Schalast, 2006). Störungen des Sozialverhaltens und der Impulskontrolle sind oftmals die Ursache für hohe Quoten von Therapieabbrüchen und Rückfällen, welche wiederum die Wahrscheinlichkeit einer erneuten Straffälligkeit unter dem Einfluss von Drogen oder Alkohol erhöhen (vgl. Kröner, 2005).

Diskussion

Es erhielten 91,7 % der Teilnehmer der vorliegenden Studie eine Suchtdiagnose, 61,5 % der Gesamtstichprobe eine Suchtdiagnose in Bezug auf multiplen Substanzgebrauch (F19). Schröder (2005) hatte in ihrer erwähnten Studie an männlichen Strafgefangenen aus Nordrhein-Westfalen Lebenszeitprävalenzen von 46,1 % für eine Alkoholabhängigkeit und 17,1 % für eine Cannabis- sowie 31,6 % für eine Opiatabhängigkeit nach DSM-IV (DIA-X) berichtet. In der vorliegenden Stichprobe wurden bei 30,8 % der TVS-Insassen eine Alkoholabhängigkeit und 34,6 % für eine Cannabis- sowie 19,2 % für eine Opiatabhängigkeit nach ICD-10 (SKID) ermittelt. – Für 80,8 % der Studienteilnehmer wurde die Diagnose einer Persönlichkeitsstörung vergeben. Aufgrund der Aktualprävalenzen im SKID-II (kodiert nach ICD-10) wurde in 76,2 % eine Diagnose „dissoziale Persönlichkeitsstörung" (F60.2) und in 33,3 % eine Diagnose „emotional instabile Persönlichkeitsstörung – Borderline-Typ" (F60.31) vergeben. Schröder (2005) fand 2002 an N = 76 Strafgefangenen in Deutschland „irgendeine Persönlichkeitsstörung" gemäß DSM-IV bei 43,4 %. Auch wenn man das Ergebnis des internationalen Systematischen Reviews von Fazel und Danesh (2002) als repräsentativ zugrunde legt, welche bei Strafgefangenen eine Quote von 64,7 % an „irgendeiner" Persönlichkeitsstörungen berichten [leider ohne Angabe, ob nach DSM- oder ICD-Kriterien], so sind die hier beobachteten relativen Häufigkeiten deutlich erhöht. Es wären möglicherweise noch mehr F60.2-Diagnosen vergeben worden, hätte man in der Stichprobe die Zeit vor dem 15. Lebensjahr mit einbezogen (Wittchen et al., 1997), aber auch über die Aktualprävalenzen wird das hohe Ausmaß der psychopathologischen Belastung deutlich.

▶ *Andere psychisch komorbide Störungen*
Bei Schröder (2005) fanden sich ferner nach DSM-IV folgende Diagnosen für psychisch komorbide Störungen: affektive Störungen insgesamt 19,7 %, Angststörungen insgesamt 36,8 %, posttraumatische Belastungsstörungen 32,9 %. In der vorliegenden Studie wurden ermittelt: eine organische Angststörung (3,9 %), eine sonstige psychische oder Verhaltensstörung durch multiplen Substanzgebrauch (3.9 %), drei Diagnosen zu affektiven Störungen (11,5 %) und vier Diagnosen zu neurotischen, Belastungs- und somatoformen Störungen (15,4 %), darunter zweimal eine posttraumatische Belastungsstörung (nach ICD-10). Demnach sind Insassen mit Angst- und vor allem mit posttraumatischen Belastungsstörungen in der hiesigen Stichprobe weniger repräsentiert, was aber auf die Inklusionsbedingungen rückführbar ist. Das Konzept der TVS wurde in der vorliegenden Studie explizit für Straffällige mit einer Substanzabhängigkeit und einer Persönlichkeitsstörung ent-

Diskussion

wickelt und evaluiert, die Effektivität für Straffällige mit anderen psychisch komorbiden Störungen ist streng genommen unklar.

▸ *Haltequote in der TVS-Maßnahme*
Die Haltequote in der TVS-Maßnahme erscheint hoch: 92,3 % der Gesamtstichprobe beendeten die Behandlung auf der TVS regulär, zum ersten Katamnesezeitpunkt nahmen 80,8 % weiter an der Studie teil und bei der letztmaligen Erhebung wurden noch 69,2 % erreicht. Zum Vergleich: Roch, Küfner, Arzt, Böhmer und Denis (1992) überprüften sekundär-analytisch 78 internationale Studien (aus den Jahren 1975 bis 1990) für die Behandlung von jugendlichen und erwachsenen Drogenabhängigen auf Haltequoten bzw. regulär-planmäßig beendete Behandlungen. Es ergaben sich: 22 % reguläre Therapie-Beendigungen im Gesamtmittel, 20 % in Therapeutischen Gemeinschaften, 31 % in sonstigen stationären Behandlungen in Kliniken, 18 % bei nicht-substituierend ambulanter Behandlung (Roch, Küfner, Arzt et al., 1992). Europaweit liegen die Haltequoten (für Studien von 1980 bis 1999) der ambulanten und stationären Behandlungen gemeinsam mittlerweile bei 25 % bis 60 % (Sonntag & Künzel, 2000).

▸ *Tatsächliche Inanspruchnahme therapeutischer Anschlussbehandlung*
Bei Studienende waren 76,9 % der Stichprobe haftentlassen oder im offenen Vollzug, sodass diese laut Planung eine therapeutische Anschlussbehandlung anzutreten hätten. Im Anschluss an die TVS-Maßnahme haben 33,3 % (zu t_3) bzw. 61,1 % (zu t_4) derjenigen Studienteilnehmer, die sich zu t_3 bzw. t_4 in Freiheit befanden, eine solche weiterführende Anschlussbehandlung begonnen. Damit haben mehr als in der Studie von Dreger (2002) – dort waren es 40 % der männlichen Substanzkonsumenten – die beabsichtigte Anschlussmaßnahme auch tatsächlich begonnen. Im Ergebnis entspricht also der selbst berichteten deutlichen Steigerung der Abstinenzzuversicht, der Psychotherapiemotivation und der Affektregulation unter den Studienteilnehmern eine tatsächliche Umsetzung der vom Behandlungsplan eingeforderten und von den Insassen selbst formulierten Absichten nach Entlassung aus der JVA.

5.2 Beantwortung der Studienfragen

▸ *Beantwortung der primären Studienfrage*
Die Primärfragestellung der Studie kann angesichts der obigen Resultate positiv beantwortet werden: Die Maßnahme „TVS" hat in ihrer Gesamtheit zu einer hohen

Diskussion

Therapiehaltequote geführt und konnte die Studienteilnehmer in höherem Maße zur Inanspruchnahme einer sich der Haft anschließenden Folgebehandlung motivieren als in einer Studie, die man als „treatment as usual" verstehen kann. Gerade angesichts der geschilderten starken Beeinträchtigungen der Klientel ist mit der vorliegenden Evaluationsstudie ein erster vorläufiger, aber deutlich positiver Wirksamkeitsnachweis für das multimodale Behandlungsprogramm „TVS" erbracht worden. Die Studienteilnehmer der TVS Fuhlsbüttel unterscheiden sich dabei in ihrem durchschnittlich besseren Outcome von den Studienteilnehmern der TVS Billwerder. In ihrem individuellen Outcome, berechnet über RCIs, sind die Unterschiede zwischen den Studienteilnehmern beider TVS jedoch empirisch vernachlässigbar. Mit der Maßnahme „TVS" wurde ein qualifiziertes therapeutisches Angebot für suchtkranke Strafgefangene geschaffen, das auch bei psychisch komorbiden Störungen deren Bedürfnissen gerecht zu werden verspricht. Auf diese klinischen Aspekte wird im Folgenden näher eingegangen.

▸ *Beantwortung der sekundären Studienfragen*
Auch die Sekundärfragestellungen der Studie können positiv beantwortet werden, wie in den nachfolgenden Diskussionsteilen zusammenfassend dargelegt wird. Die Maßnahme „TVS" hat in ihrer Gesamtheit zu einer erhöhten Abstinenzzuversicht für den Umgang mit rückfallkritischen Situationen geführt, ebenso zur Steigerung der erlebten Kompetenz in der Emotions-/Stimmungsregulation und der Impulskontrolle; die beobachteten Effekte waren zumeist hoch. Alle Besserungen zeigten sich vorwiegend noch auf der TVS im Prä-Post-Vergleich, nach Entlassung von der TVS blieben sie im Wesentlichen stabil. Die stattgehabten Besserungen entsprechen den Zielintentionen der zentral eingesetzten Interventionsverfahren Psychoedukation und Dialektisch-Behavioraler Therapie.

5.3 Zur Psychotherapiemotivation

Das Konstrukt der Psychotherapiemotivation ist komplex gefasst und wird als durch zahlreiche Störfaktoren beeinflussbar verstanden (Schulz et al., 2003). Der FPTM-23 misst über seine Skalen somit verschiedene Aspekte, die Einfluss auf die Motivation der Befragten haben könnten. Im Prä-Post-Vergleich der standardisierten T-Werte des FPTM-23 auf Gruppenebene wird sichtbar, dass die Studienteilnehmer nach der Behandlung auf der TVS hinsichtlich einer Besserung ihrer Beschwerden hoffnungsvoller sind als zu Beginn, ihr psychischer Leidensdruck abgenommen hat, sie ihre psychische Hilfebedürftigkeit weniger vehement verneinen und noch motivierter sind, sich um eine Behandlung zu bemühen. Dies scheint dafür zu sprechen, dass sie das Behandlungsprogramm als hilfreich erlebt haben, wodurch sie zugänglicher wurden und sich therapeutischen Hilfen mehr öffnen konnten, was sich entsprechend auch auf die Eigeninitiative im Hinblick auf die Realisierung einer Anschlussbehandlung ausgewirkt hat. Es war zudem auch ein „Wissenszuwachs" und eine Abnahme der „symptombezogenen Zuwendung" (im Sinne einer Abnahme von sekundärem Krankheitsgewinn) zu verzeichnen. Die Veränderungen auf den beiden Skalen erwiesen sich zwar auf Gruppenebene nicht als statistisch signifikant, der RCI-Vergleich belegt jedoch, dass einzelne Studienteilnehmer auf individueller Ebene profitierten. Alle statistisch signifikanten Effekte wiesen hohe Effektstärken auf. Der Outcome im FPTM-23 spricht für eine erhöhte Behandlungsmotivation bei den Studienteilnehmern, was in der Haltequote im TVS-Setting und in der späteren Inanspruchnahme therapeutischer Anschlussbehandlungen nach der Haftentlassung zum Ausdruck kommt.

5.4 Zur Abstinenzzuversicht

Die Abstinenzzuversicht der Studienteilnehmer hat im Prä-Post-Vergleich der vier HEISA-16-Skalen auf Gruppenebene signifikant mit großen Effekten zugenommen. Die Studienteilnehmer schätzten sich folglich nach dem Aufenthalt auf der TVS in allen rückfallkritischen Situationen, die über den HEISA-16 thematisiert werden, zu t_2 widerstandsfähiger ein als zu Beginn der Maßnahme. Im Vergleich zur Normstichprobe jedoch fallen die Skalenwerte der Stichprobe zur Zuversicht im Umgang mit „unangenehmen" (4,08 < 5,90) und „angenehmen" Gefühlen (4,69 < 8,26) niedriger aus, trotz der bis zu t_4 weiter steigenden Abstinenzzuversicht der Studienteilnehmer. Im Hinblick auf „Versuchungen und Verlangen" liegen dagegen im Vergleich zur Norm überdurchschnittlich hohe Werte vor (zu t_3 von M = 4,73 und zu t_4 von M = 4,84 verglichen mit der Norm M = 4,29). Hier könnten sich die Studienteilnehmer im Sinne einer Kontrollillusion selbst überschätzt haben. Dies betrifft eher die Studienteilnehmer der TVS Fuhlsbüttel, deren überdurchschnittlich hohe Abstinenzzuversicht die Skalenwerte stark ansteigen lässt. Vergleichbar verhält es sich mit den Skalenwerten von „Leichtsinnigkeit im Denken": auch hier sind es die Skalenwerte der TVS Fuhlsbüttel, die zu t_4 über dem Normwert von 4,87 liegen. Möglicherweise ist es für die Insassen der TVS Fuhlsbüttel mit ihren im Mittel längeren Haftstrafen wichtiger gewesen, einen „guten Eindruck" zu erwecken als für die Insassen der TVS Billwerder. Der Wertungsaspekt des Fragebogens dürfte den Studienteilnehmern klar gewesen sein, sodass

Diskussion

„erwünschte Antworten" sicherlich nicht gänzlich vermieden werden konnten und dieser Aspekt daher berücksichtigt werden muss (vgl. dazu jedoch auch Abschnitt 5.10).

5.5 Zur psychischen und physischen Symptombelastung

Die erlebte psychische und physische Symptombelastung, gemessen über die GSI-9 bzw. die Somatisierungsskala der SCL-90-R, ist in der Gesamtstichprobe der vorliegenden Untersuchung bereits vor Beginn der Behandlung auf der TVS numerisch mehr als doppelt so hoch wie in den klinischen Normstichproben (GSI-9 zu t_1 M = 1,36 > M = 0,22 für die 26- bis 35-Jährigen bzw. M = 0,33 für die 36- bis 45-Jährigen; Somatisierung zu t_1 M = 1,00 > M = 0,36). Die Werte der TVS-Studienteilnehmer auf der Somatisierungsskala sind gegenüber denen einer Zufallsstichprobe männlicher Strafgefangener aus Nordrhein-Westfalen ebenfalls erhöht; von Schönfeld, Schneider, Schröder et al. (2006) berichten hier von im Mittel M = 0,70 (SD = 0,66). Dieser starke psychische Leidensdruck, der sich als „somatisches Syndrom" in einem negativen Körpererleben der Studienteilnehmer widerspiegelt, erklärt sich zum einen daraus, dass die Studienteilnehmer sowohl durch ihre Suchtstörung als auch durch sonstige psychisch komorbide Störungen unter einer hohen psychischen Belastung stehen dürften, zum anderen durch die Anspannungen unter Haftbedingungen: Gefängnisse sind „totale Institutionen" (Goffman, 1973), in denen das Leben der Insassen wesentlich durch die äußeren Umstände determiniert wird. – Der Anstieg der psychischen Symptombelastung und der damit einhergehenden wachsenden Befindlichkeitsstörung nach der Behandlung auf der TVS (GSI-9 zu t_2 mit M = 1,63 > M = 0,22 bzw. M = 0,33 je nach Alter; Somatisierungskala zu t_2 M = 1,22 > M = 0,36) kann in diesem Zusammenhang auch als Zugeständnis der Studienteilnehmer gewertet werden, dass bei ihnen eine hohe psychische Hilfebedürftigkeit besteht. Dies geht nämlich inhaltlich mit sinkenden Werten auf der Skala „Verneinung psychischer Hilfsbedürftigkeit" des FPTM-23 konform: diese „Verneinung" nimmt ab (bzw. das „Zugeständnis" nimmt zu), wenn auch nicht überzufällig. – Die Studienteilnehmer der TVS Billwerder schilderten sich für t_1-t_2-t_3 als etwa doppelt so hoch belastet wie die der TVS Fuhlsbüttel. Zu t_4 hatten sich die Werte beider Teilstichproben dann angeglichen.

5.6 Zum Erleben von Emotionen

▸ *Erwartungsgemäß ungünstige Ausgangswerte*
Hinsichtlich des emotionalen Erlebens von suchtkranken Straftätern mit psychisch komorbiden Störungen war zu erwarten, dass bei den Studienteilnehmern vor allem in den Bereichen „Impulskontrolle", „Frustrationstoleranz" und „Affektregulation" Defizite vorliegen. Deswegen wurde im TVS-Setting besonders auf diese Bereiche abgestellt und allfällige Besserungen über die „Skalen zum Erleben von Emotionen" (SEE) geprüft. Es zeigte sich an den standardisierten T-Werten zu allen vier Messzeitpunkten, dass in beiden TVS-Teilstichproben bei der Wahrnehmung eigener Körpersignale (gemessen über die Skala „Erleben von Emotionsmangel") ungünstige Werte vorlagen. Nach Verlassen der TVS-Maßnahme scheint zu t_3 und t_4 zum Teil nach relativer Besserung ein „Erleben von Emotionsmangel", eine niedrige „Akzeptanz eigener Emotionen" sowohl Gefühle der störungstypischen „inneren Leere" verstärkt zurückzukehren (AWMF, 2008). Dies passt zu den zu t_3 und t_4 ebenfalls sehr hohen Somatisierungswerten der SCL-90-R. In der eigenen Fähigkeit zur „Emotionsregulation" und „Selbstregulation" erleben die Studienteilnehmer selbst keine Defizite, was vor dem Hintergrund der diagnostizierten Häufigkeit von dissozialen Persönlichkeitsstörungen in der Stichprobe (76,2 %) nicht überraschend ist und der verzerrten Selbsteinschätzung von Patienten mit den in dieser Stichprobe diagnostizierten Persönlichkeitsstörungen entspricht. Dies spiegelt sich zu t_2 auch in den sehr hohen Werten auf der Skala „Generalisierte Kompetenzerwartung" (GKE) des „Stationserfahrungsbogens" (SEB) wieder.

▸ *Verbesserungen*
Im Prä-Post-Vergleich der vorgestellten Ergebnisse resultieren nach Baseline-Adjustierung auf fünf der sieben Skalen der SEE Verbesserungen im Erleben von Emotionen („Akzeptanz eigener Emotionen", „Erleben von Emotionsüberflutung", „Erleben von Emotionsmangel", „Erleben von Emotionsregulation", „Erleben von Selbstkontrolle"). Es scheint eine verbesserte Impulskontrolle nach Verlassen der TVS fortzubestehen, da sich das „Erleben von Emotionsüberflutung" von t_3 zu t_4 in beiden Teilstichproben deutlich reduziert, für Teilnehmer der TVS Billwerder ergab sich zu t_3 mit T = 32 sogar ein unterdurchschnittlich niedriger Wert. Nach Verlassen der TVS blieben die Werte zur „Imaginativen Symbolisierung von Emotionen" (d. h. der Umgang mit Tagträumen und Fantasien) unverändert. Das „Erleben von Emotionsmangel" (d. h. die „innere Leere") verschlechterte sich ab t_3 ebenso wie die „Körperbezogene Symbolisierung" (d. h. der Umgang mit Körpersignalen). Insgesamt kann aus den Resultaten abgeleitet werden, dass sich der Zugang der

Diskussion

Studienteilnehmer zu ihrem emotionalen Erleben über den Behandlungszeitraum t_1-t_2 hinweg verbessert hat, post-therapeutisch anhält und im Bereich „Erleben von Emotionsüberflutung" post-therapeutisch weiterhin bessert. Es darf hypothetisch angenommen werden (und wäre in einer Komponentenevaluation zu überprüfen!), dass hierfür vor allem die Inhalte des Fertigkeitentrainings verantwortlich sind, da diese explizit darauf abzielten, die Introspektionsfähigkeit der Insassen zu fördern und ihre Eigenwahrnehmung zu schulen. Insbesondere das DBT-Konzept der Achtsamkeit ist darauf ausgerichtet und war Bestandteil aller 14 Sitzungen des auf beiden TVS angebotenen Fertigkeitentrainings.

5.7 Zur erlebten Stationsatmosphäre

Das Stationsklima wurde von den Studienteilnehmern insgesamt sehr positiv bewertet, es gibt keine signifikanten Unterschiede in der Bewertung zwischen den beiden Teilstichproben, obwohl die Beurteilungen der Studienteilnehmer der TVS Fuhlsbüttel für alle abgefragten Variablen qua Inspektion positiver ausfallen als die der Studienteilnehmer der TVS Billwerder. Hier weicht das Stationserleben vor allem in Bezug auf das emotionale Klima zwischen den Insassen und das Gefühl, von diesen verstanden und unterstützt zu werden, von dem der Studienteilnehmer der TVS Fuhlsbüttel und auch von dem der Vergleichsstichprobe „Patienten PS1" ab. Des Weiteren wird auch die Beziehung zum therapeutischen Team von den Studienteilnehmern der TVS Billwerder vergleichsweise schlechter eingeschätzt. Die Umsetzung des Behandlungskonzeptes scheint trotz der strukturellen Unterschiede in den Haftanstalten von den Insassen vergleichbar positiv angenommen worden zu sein – unabhängig von den leichten Variationen im Stationserleben, die sich vor allem auf den zwischenmenschlichen Kontakt der Insassen untereinander beziehen.

5.8 Zum Gesprächs- und Trainingsgruppenangebot

▸ *Zur Verwendung der Stundenbeurteilungsbögen*
Die Evaluation der Stunden der einzelnen Behandlungskomponenten erwies sich von Beginn an als schwierig: Bereits nach der ersten Sitzung des jeweiligen Gruppenangebotes (Zugangsgruppe, Gesprächsgruppen, Fertigkeitentraining, Rückfallprophylaxe-Training) war es nicht leicht, die Studienteilnehmer zum Ausfüllen der „Stundenbeurteilungsbögen" (SB) zu motivieren. Die geringe Akzeptanz der SB ist

Diskussion

aber mindestens teilweise daraus erklärlich, dass die Studienteilnehmer ihn – im Gegensatz zu den Fragebögen der t_1- bis t_4-Befragungen – ohne Inzentiv bearbeiten sollten. Vermutlich kommt jedoch hinzu, dass es bei einem bildungs-fernen und darüber hinaus im Vergleich zur Normalbevölkerung wenig intro-spektionsfähigen Klientel viel verlangt sein dürfte, die Art von Beobachterdistanz aufrecht zu erhalten, welche Voraussetzung für die Bearbeitung der Stundenbeurteilungsbögen ist. Wenn dann noch eine stark emotionale Involvierung in die statthabenden Gruppenprozesse eintritt, können mentale Monitoringprozesse ohne entsprechende Schulung kaum mehr greifen.

▸ *Zugangsgruppe und freie Gesprächsgruppen*
Die Gruppensitzungen der biografischen Zugangsgruppe verliefen nach (allerdings unsystematischen) Beobachtungen der Therapeuten intensiv, die Studienteilnehmer wurden hier anschaulich-praktisch zur Reflexion von Lebensläufen und Lebenszielen angeregt. In der Auswertung der vorhandenen Stundenbögen zeigte sich, dass die Studienteilnehmer die rege Teilnahme aller Teilnehmer, eine gute Zusammenarbeit und eine offene Atmosphäre als besonders förderlich für die Arbeit in ihrer Gruppe empfanden. Auch die Einhaltung der Gruppenregeln war den Studienteilnehmern wichtig und deren Überschreitungen wurden im Stundenbeurteilungsbogen oftmals als hinderlich für die Gruppenarbeit angeführt. Auch fanden einige Studienteilnehmer es sehr positiv, sich in der Zugangsgruppe ausführlich mit ihrem Lebenslauf auseinandersetzen zu können und Gehör bei den anderen Insassen und den Therapeuten zu erhalten. Anderen Insassen fiel die Zentrierung auf eine Person über so einen langen Zeitraum allerdings auch schwer. – Die freien Gesprächsgruppen waren eher Sachdiskussionen zu Aktualitäten, welche die Studienteilnehmer selbst einbrachten. Beide Angebote wurden von den jeweiligen Studienteilnehmern insgesamt „zufrieden" angenommen, legt man die Normierung von Schindler, Hohenberger-Sieber und Hahlweg (1990a) zugrunde. Die interindividuelle Übereinstimmung, gemessen über den Intraklassenkoeffizienten (ICC), ist dabei „annehmbar" hoch (Shrout, 1998), was anzeigt, dass die (den SB beantwortenden) Studienteilnehmer die Gruppensitzungen „ähnlich" erlebt haben.

▸ *Zu den Fertigkeiten- und Rückfallprophylaxe-Trainings*
Im jeweils ersten Trainingsdurchgang des Fertigkeiten- und des Rückfallprophylaxe-Trainings schien sich der „Sinn" der Trainingsinhalte den Insassen noch sehr unterschiedlich darzustellen, da sie die Trainingssitzungen eher inhomogen beurteilten. Ab dem zweiten Durchgang schien es den jeweiligen Trainingsteams adäquater zu gelingen, den „Sinn" der Sitzungsinhalte zu vermitteln, sodass die Über-

Diskussion

einstimmungen die „annehmbaren" ICC-Werte von .48 bis .56 aufwiesen. Möglicherweise ist auch ab dem zweiten Durchgang die Aufnahme in die TVS nach verfeinerten Kriterien erfolgt und den TVS-Bewerbern konnte – vor dem Hintergrund des Erfahrungszugewinns von Durchgang 1 – ein genaueres Bild vermittelt werden von dem, was in den Trainings auf sie zukommen würde und was sie realistischerweise erwarten durften. Der jeweils erste Durchgang von Fertigkeiten- und Rückfallprophylaxe-Training auf der TVS Fuhlsbüttel ist somit zumindest zum Teil noch eher als Pilot-Durchgang anzusehen.

5.9 Vergleich der Ergebnisse auf Gruppen- und Individualebene

Wie im Methodenteil begründet, liefern Reliable-Change-Indizes (RCIs) als Maße individueller Veränderung eine zusätzliche Information zum Signifikanztest mit Effektstärken, der sich auf Gruppen-Durchschnittswerte bezieht (Steyer et al., 1997). Über einen RCI kann eine signifikante Veränderung von einzelnen Individuen ggf. auch dann nachgewiesen werden, wenn sich auf Gruppenebene keine Veränderung zeigt.

▶ *Gruppenebene*
Trotz kleiner Gesamtstichprobe fielen die beobachteten Effekte in den t_1-t_2-ANCOVAs hoch aus, was zum Teil aufgrund der vorgenommenen Baseline-Adjustierung zu erwarten war (Vickers & Altman, 2001). Insgesamt kommt es von t_1 zu t_2 in 11 von 19 Fragebogenskalen (68,4 %) zu Besserungen, was im Binomialtest mit $\alpha = .003$ gegen den Zufall absicherbar ist. In den Fragebogenskalen zur Psychotherapiemotivation (FPTM-23) ergeben sich von t_1 zu t_2 im Durchschnitt vier Verbesserungen, außer in den Skalen „Symptombezogene Zuwendung [sekundärer Krankheitsgewinn]" und „Wissen". Dass sich Besserungen gerade in den FPTM-23-Skalen „Hoffnung", „Psychischer Leidensdruck", „Verneinung psychischer Hilfsbedürftigkeit" und „Initiative" zeigten, entspricht den Intentionen von Psychoedukation (Pitschel-Walz & Bäuml, 2007) und DBT (Linehan, 1996a/b): die stattgehabten Gesprächsgruppen, das Fertigkeitentraining wie auch das Rückfallprophylaxe-Training bauten auf deren Prinzipien auf bzw. enthielten diese implizit. Dies kann auch die Besserungen auf fünf der sieben SEE-Skalen von t_1 zu t_2 erklären („Akzeptanz eigener Emotionen", „Erleben von Emotionsüberflutung", „Erleben von Emotionsmangel", „Erleben von Emotionsregulation", „Erleben von Selbstkontrolle"). In allen vier Skalen zur Abstinenzzuversicht (HEISA-16) berichteten die Studienteilnehmer von Besserungen, nicht alle jedoch von einem explizi-

Diskussion

ten Abstinenzvorsatz: Die Studienteilnehmer der TVS Billwerder strebten mit 44,4 % in niedrigerem Maße als diejenigen der TVS Fuhlsbüttel (82,4 %) nach Abstinenz und senkten ihr zu t_1 gesetztes Zielniveau auch häufiger ab. Die psychische Symptombelastung (GSI-9) und die physische Belastung (Skala „Somatisierung" der SCL-90-R) besserte sich von t_1 zu t_2 nicht. Im Fragebogen zur Emotions- bzw. Impulsregulation (SEE) werden Verbesserungen in sieben von neun Skalen von t_1 zu t_2 beobachtet; keine Verbesserungen finden sich in „Körperbezogene Symbolisierung von Emotionen" und in „Imaginative Symbolisierung von Emotionen".

▸ *Individualebene*
Die RCI-Berechnungen liefern den Nachweis, dass verschiedene Studienteilnehmer auf verschiedenen Ebenen überzufällig individuell profitierten. Es lassen sich 75,0 % bzw. 67,3 % (gemäß PP- bzw. ITT-Analyse) als *Responder* ansehen, wenn man die Summe der signifikanten Besserungen als Kriterium wählt: sich auf sieben von 16 Skalen zu verbessern, ist gemäß Binomialtest nicht mehr als Zufallseffekt anzusehen. Nach einem restriktiveren Ansatz würde man allerdings nur 33,3 % (PP) bzw. 30,8 % (ITT) als Responder auffassen. Die Studienteilnehmer der beiden TVS unterscheiden sich in ihren RCI-Quoten nicht systematisch. Sie berichteten vor allem von Wissenszuwachs, günstigerem Affekterleben, gebesserter Affektregulation und Selbstkontrolle sowie von gestiegener Abstinenzzuversicht.

5.10 Zur Frage von Angaben im Sinne sozialer Erwünschtheit

Auffällig ist, dass die Studienteilnehmer auf verschiedenen Skalen im Vergleich zu den jeweiligen Norm- oder Referenzstichproben bereits vor Beginn der Maßnahme auf der TVS und auch zu späteren Messzeitpunkten überdurchschnittlich hoch „positive" oder „unauffällige" Werte aufwiesen. Es liegt in solchen Fällen nahe, dass der Einfluss „sozialer Erwünschtheit" gegeben ist und das Bemühen, einen möglichst motivierten und dem Behandlungsangebot „zugetanen" Eindruck zu erwecken. Hier wirkt möglicherweise einerseits das staatsanwaltliche Angebot von „Therapie statt Strafe" nach der im Betäubungsmittelgesetzt (BtMG) verankerten Vorschrift § 35 BtMG als „Triebfeder" bei von Suchtstörungen betroffenen Straftätern. Auf der anderen Seite schilderten sich die Studienteilnehmer mitunter durchaus „unerwünscht": Ein Ergebnis zur psychischen und physischen Symptombelastung war, dass sich die Studienteilnehmer direkt im Anschluss an die Maßnahme „TVS" psychisch stärker beeinträchtigt gefühlt haben als noch vor Beginn ihrer Aufnahme auf die Station. Zur Abstinenzmotivation wurde berichtet, dass die Stu-

Diskussion

dienteilnehmer der TVS Billwerder offenbar prozentual seltener mit einer Absicht zu völliger Abstinenz in ihre Maßnahme gingen als diejenigen der TVS Fuhlsbüttel. Schließlich weisen auch die Zufriedenheitswerte in den Beurteilungen von Gruppensitzungen sowie von Fertigkeiten- und Rückfallprophylaxe-Trainings durchaus Variation auf: Die Beurteilungen sind zumeist „annehmbar" homogen – bei Beschönigung hätten die Werte hier jedoch einheitlicher ausfallen müssen, da die Tendenz der Fragebogen-Items (auch bei Sprach- oder Verständnisschwierigkeiten) leicht durchschaubar war. Die Studienteilnehmer der TVS Billwerder schätzten ihre Beziehung zum therapeutischen Team im SEB vergleichsweise schlechter ein als diejenigen der TVS Fuhlsbüttel und vor allem als die Referenzstichproben. Diese teilweise ungünstigen Selbstschilderungen bzw. reservierten Beurteilungen können also ein Hinweis darauf sein, dass die Studienteilnehmer relativ veridikal urteilten, anstatt durchweg zu beschönigen. – Das Konstrukt der sozial erwünschten Antworttendenz ist im Übrigen umstritten, beispielsweise in der eignungsdiagnostischen Bewerberauswahl (Thiemann, 2006). Selbst wenn man solche Antworttendenzen annähme, bliebe zu klären, ob nun eine bewusste Fremdtäuschung (im Sinne von *„impression management"*) oder eine unbewusste Selbsttäuschung vorliegen könnte. Dies lässt sich anhand der vorliegenden Daten allerdings nicht entscheiden.

5.11 Limitationen der Studie

▶ *Stichprobe und (fehlende) Kontrollgruppe*
Für den Zeitpunkt der ersten Messung zu t_1 liegen die Daten von N = 26 Insassen vor, womit der Stichprobenumfang bereits zu Beginn der Erhebung klein war. Für die Studienteilnehmer, die eine weitere Teilnahme an der Evaluation verweigerten bzw. zu einzelnen Katamneseerhebungen nicht mehr aufgefunden wurden, können keine gesicherten Aussagen in Bezug auf Besserungen oder Verschlechterungen getroffen werden. Das Fehlen der ursprünglich vorgesehenen Kontrollgruppe aufgrund der beschriebenen Rekrutierungsschwierigkeiten der Insassen schränkt die Aussagekraft der erzielten Untersuchungsergebnisse ein. Dies betrifft weniger die externe Validität der Ergebnisse, also ihre Generalisierbarkeit, als vielmehr ihre interne Validität, also die Frage, inwiefern die beobachteten Effekte „ursächlich" der TVS-Maßnahme zugeschrieben werden können (vgl. Barkmann et al., 2009). Ebenso fehlt es an einer zitierbaren Referenzstichprobe, da es in Deutschland bisher keine vergleichenden Evaluationsstudien zur Wirksamkeit des Konzeptes „Therapievorbereitender Stationen" im Strafvollzug gibt. Die eingangs erwähnte Erhe-

Diskussion

bung in der JVA Vierlande bezog sich auf die Erprobung von drogenfreien Stationen zur Abstinenzerprobung im Rahmen der Inhaftierung, nicht jedoch auf die Überprüfung der Stationen im Sinne der Effektivität eines Behandlungskonzeptes (Heinemann et al., 2002). Das Konzept der TVS wurde durch die vorliegende Studie für den Personenkreis „männliche Inhaftierte mit Substanzabhängigkeit und Persönlichkeitsstörung" konzipiert und evaluiert. Zur Effektivität für inhaftierte Substanzabhängige mit *anderen* psychisch komorbiden Störungen kann nichts ausgesagt werden. Insbesondere ist eine *bona fide*-Übertragung der Ergebnisse auf weibliche Inhaftierte, auch mit ähnlichem Störungsbild, unzulässig.

▶ *Testinstrumente*
Die Studienteilnehmer benötigten aufgrund ihrer sprachlichen Defizite Unterstützung beim Ausfüllen der Fragebögen, die sie entweder durch die Therapeuten oder Mitinsassen erhielten. Nicht nur die sprachliche Verständlichkeit erwies sich als schwierig für die Studienteilnehmer. Aufgrund ihrer Sozialisation in anderen Kulturkreisen waren ihnen viele Begriffe, Phänomene oder Erlebnisweisen nicht bekannt. Zwar wurden dadurch die Datenerhebungen erschwert, die Datenqualität dürfte dadurch jedoch nicht grundlegend beeinträchtigt sein.

▶ *Abweichen von definierten Inklusionskriterien*
In einigen Fällen wurden die definierten Inklusionskriterien lediglich abgeschwächt eingehalten. Dies sei deswegen aufgeführt, da dies die Vermittlungsquote gesenkt haben könnte. Als primäre Zielgrößen der Evaluation dienten – wie beschrieben – die Haltedauer im Setting „TVS" und die Weitervermittlung in eine Anschlussbehandlung. Daher sollten nur Insassen an der Untersuchung teilnehmen, die eine realistische Möglichkeit hatten, unmittelbar nach der Haft eine Therapie anzutreten. Hierfür war ein gesicherter Aufenthaltsstatus Voraussetzung. Aufgrund von zeitweise niedrigen Bewerbungszahlen hatte sich das Behandlungsteam der TVS dann jedoch entschlossen, auch Insassen mit einem ungesicherten Aufenthaltsstatus auf die TVS aufzunehmen, sofern diese sich motiviert für eine Behandlung zeigten. Diese Personen hatten nur eine geringe Chance auf eine Anschlussbehandlung, was die Vermittlungsquote negativ beeinflusst haben könnte. In Einzelfällen trat eine Verlängerung der Haft ein bzw. dauerte länger als die avisierten 12 Monate. Hier war von vorne herein zumindest keine *unmittelbare* Vermittlung in eine Anschlussmaßnahme möglich. Bei zwei Studienteilnehmern verweigerten zudem die Kostenträger die Finanzierung einer Anschlussbehandlung. Trotzdem ist die Vermittlungsquote zu t_4 mit 61,1 % hoch, da bei ihrer Berechnung nur diejenigen Stu-

Diskussion

dienteilnehmer mit einbezogen wurden, die auch tatsächlich die reale Möglichkeit hatten, eine Anschlussmaßnahme zu beginnen.

▶ *Zum Vergleich TVS Billwerder und TVS Fuhlsbüttel*
Ein systematischer Vergleich zwischen den Outcomes der beiden TVS ist aufgrund stark unterschiedlicher Stichprobengrößen nur eingeschränkt möglich gewesen. Deswegen lässt sich vorläufig nur sagen, dass Strafgefangene mit den Merkmalen der Studienteilnehmer der TVS Billwerder als Gruppe ein uneinheitlicheres Outcome aufweisen sollten, dass aber der Anteil individueller Besserungen bei ihnen nicht grundlegend niedriger sein muss als bei Strafgefangenen, welche die Merkmale der Studienteilnehmer der TVS Fuhlsbüttel aufweisen. Zieht man in Betracht, dass die Ergebnisse der TVS Billwerder auf *erstmalig* und – im Gegensatz zur TVS Fuhlsbüttel – *ohne Pilotphase* durchgeführten Interventionen beruhen, so ist die relative „Ähnlichkeit" im Outcome der TVS Billwerder zu dem der TVS Fuhlsbüttel eigentlich beachtlich.

5.12 Ausblick

Aufbauend auf den vorliegenden Studienergebnissen ergeben sich Anhaltspunkte für Forschung und Praxis: Es sollte, angelehnt an die vorgestellte Stage-1-Studie, eine Stage-2-Studie mit Kontrollgruppe durchgeführt werden, um die Replizierbarkeit der Resultate zu prüfen. Die prinzipielle Machbarkeit sowie kurz- und mittelfristige Effektivität der Interventionsmaßnahme „TVS" konnte aufgezeigt werden, nun gälte es die Implementierbarkeit und den Mehrwert des Behandlungsprogramms im Vergleich zu konventionellen Methoden der Suchtberatung und –behandlung im Strafvollzugssystem zu überprüfen sowie die Beiträge der einzelnen Programmkomponenten zur Gesamtwirksamkeit zu evaluieren. Interessant wäre in Erweiterung des Katamnesezeitraumes eine erneute Befragung der Studienteilnehmer in einem Abstand von 12 und 24 Monaten, um die langfristige Wirksamkeit des Programms bzw. die Erfordernisse einer therapeutischen Nachsorge für entlassene TVS-Absolventen im Hell- und Dunkelfeld zu erfassen. Aus-sichtsreich erscheint auch der Versuch, eine Adaption einer TVS und/oder ein Fertigkeitentraining für Jugendliche im Jugendstrafvollzug zu entwickeln und zu überprüfen.

▶ *Weitere Analysen des Datensatzes*
In einer separaten Publikation soll der Versuch unternommen werden, die für den Behandlungserfolg ausschlaggebenden Prädiktoren für Responder und Non-

responder zu identifizieren, um somit im Sinne einer psychologischen Kriminalprognose Hinweise dafür zu finden, welche intraindividuellen Eigenschaften auf Persönlichkeits- und Verhaltensebene die Inanspruchnahme einer weiterführenden Therapie bei drogenabhängigen und -missbrauchenden Strafgefangenen begünstigen oder hemmen. Hier werden insbesondere auch allfällige Interkorrelationen der hier verwendeten Skalen zu berücksichtigen sein, die in den Analysen dieses Berichtes als voneinander unabhängig betrachtet wurden.

Tabellenverzeichnis

Seite

Tabelle 1	Tatverdächtige unter Alkoholeinfluss / mit Drogenkonsum bezogen auf .... aufgeklärte Straftaten gemäß Polizeilicher Kriminalstatistik (PKS) für das Jahr 2009	2
Tabelle 2	Gegenüberstellung der strukturellen Merkmale der TVS Fuhlsbüttel .... und der TVS Billwerder während des Evaluationsprojektes	25
Tabelle 3	Alter der Studienteilnehmer	38
Tabelle 4	Haftvorerfahrungen der Studienteilnehmer	39
Tabelle 5	Anzahl der Therapieversuche zur Behandlung der eigenen Suchtstörung	40
Tabelle 6	Haltequote und katamnestische Erreichbarkeit bezogen auf .... die Gesamtstichprobe N = 26	46
Tabelle 7	Aufenthaltsstatus der Studienteilnehmer zur Katamneseerhebung t_3 / .... Teilnahme an weiterführenden therapeutischen Maßnahmen bezogen auf N = 26	47
Tabelle 8	Aufenthaltsstatus der Studienteilnehmer zur Katamneseerhebung t_4 / .... Haltequoten in Anschlussbehandlungen bezogen auf N = 26	50
Tabelle 9	Tatsächliche Inanspruchnahme einer therapeutischen Anschlussbehandlung	50
Tabelle 10	Hauptsuchtmittel	52
Tabelle 11	Prä-Post-Vergleich der Psychotherapiemotivation zu t_1 und t_2 .... nach Baseline-Adjustierung (n = 24)	58
Tabelle 12	Prä-Post-Vergleich der Abstinenzzuversicht zu t_1 und t_2 .... nach Baseline-Adjustierung	63
Tabelle 13	Vergleich der psychischen Symptombelastung anhand der mittleren .... Skalenwerte der GSI-9 (SCL-K-9) über alle Messzeitpunkte	64
Tabelle 14	Vergleich der physischen Symptombelastung anhand der Mittelwerte .... der Skala „Somatisierung" der SCL-90-R über alle Messzeitpunkte	65
Tabelle 15	Prä-Post-Vergleich der psychischen Symptombelastung anhand .... der mittleren Skalenwerte der SCL-K-9 zu t_1 und t_2 nach Baseline-Adjustierung (ANCOVA-Statistiken)	66
Tabelle 16	Prä-Post-Vergleich der physischen Symptombelastung anhand .... der Mittelwerte der Skala „Somatisierung" der SCL-90-R zu t_1 und t_2 nach Baseline-Adjustierung (ANCOVA-Statistiken)	67
Tabelle 17	Outcome in T-Werten für die SEE-Skala „Akzeptanz eigener Emotionen"	68
Tabelle 18	Outcome in T-Werten für die SEE-Skala „Erleben von Emotionsmangel"	69
Tabelle 19	Outcome in T-Werten für die SEE-Skala „Erleben von Emotionsüberflutung"	71
Tabelle 20	Outcome in T-Werten für die SEE-Skala „Körperbezogene Symbolisierung .... von Emotionen"	72
Tabelle 21	Outcome in T-Werten für die SEE-Skala „Imaginative Symbolisierung .... von Emotionen"	73
Tabelle 22	Outcome in T-Werten für die SEE-Skala „Erleben von Emotionsregulation"	75

Tabellenverzeichnis

Seite

Tabelle 23	Outcome in T-Werten für die SEE-Skala „Erleben von Selbstkontrolle"	76
Tabelle 24	Prä-Post-Vergleich des „Erlebens von Emotionen" zu t_1 und t_2 .... nach Baseline-Adjustierung	78
Tabelle 25	Zufriedenheitseinschätzungen der Insassen zu den Gesprächs- und .... Zugangsgruppen: Mittelwerte, Standardabweichungen (in Klammern) plus mittlere Intraklassenkoeffizienten (ICC) in den Stundenbeurteilungsbögen (SB)	81
Tabelle 26	Übereinstimmungen in den Stundenbeurteilungen der Insassen .... zum Fertigkeiten- und Rückfallprophylaxe-Training: mittlere Intraklassen-koeffizienten (ICC), Standardabweichungen (in Klammern) und Spannweiten	83
Tabelle 27	Outcome in Reliable-Change-Werten (RCIs): Überzufällige Besserungen .... für $a \leq .05$ für die Zeitpunkte t_1-t_2 differenziert nach Skalen und Analysemodus (in %)	87
Tabelle 28	Per-protocol-Outcome in Reliable-Change-Werten (in % RCIs): .... Überzufällige Besserungen für $a \leq .05$ für die Zeitpunkte t_1-t_2 differenziert nach Skalen und TVS	88
Tabelle 29	Per-protocol- und Intention-to-treat-Outcome in Zielsetzung und .... 90 Zielpersistenz gemäß „Zielskala" zum HEISA-16 (in %)	
Tabelle 30	Restriktive Responderquote, gebildet aus den RCI-Besserungen .... im FPTM-23 und im SEE-Fragebogen	92

Abbildungsverzeichnis

Seite

Abbildung 1 *Alterskategorien der Studienteilnehmer (in %)* 38
Abbildung 2 *Alterskategorien der Studienteilnehmer bei Erstinhaftierung (in %)* 41
Abbildung 3 *Grund aktueller Inhaftierung der Studienteilnehmer (in %)* 42
Abbildung 4 *Höchster erreichter Schulabschluss (in %)* 43
Abbildung 5 *Berufsausbildung der Studienteilnehmer (in %)* 44
Abbildung 6 *Aufenthaltsstatus der Studienteilnehmer zur Katamneseerhebung t_3 (in %)* 48
Abbildung 7 *Aufenthaltsstatus der Studienteilnehmer zur Katamneseerhebung t_4 /* 49
Haltequoten in Anschlussbehandlungen (in %)
Abbildung 8 *Eingeleitete und geplante Anschlussbehandlungen zum jeweiligen* 51
individuellen Entlassungszeitpunkt bezogen auf die Gesamtstichprobe (in %)
Abbildung 9 *SKID-I Suchtdiagnose: Psychische und Verhaltensstörungen* 53
durch Substanzgebrauch
Abbildung 10 *SKID-II Diagnosen: Persönlichkeitsstörungen* 55
Abbildung 11 *Prä-Post-Vergleich der Psychotherapiemotivation (t_1-t_2) unter Angabe* 57
der den T-Werten zugrunde liegenden Skalenmittelwerte
Abbildung 12 *Outcome in Skalenmittelwerten: Abstinenzzuversicht bei unangenehmen* 59
Gefühlen für die Gesamtstichprobe im Vergleich zu den Normwerten
Abbildung 13 *Outcome in Skalenmittelwerten: Abstinenzzuversicht bei Versuchungen* 60
und Verlangen für die Gesamtstichprobe im Vergleich zu den Normwerten
Abbildung 14 *Outcome in Skalenmittelwerten: Abstinenzzuversicht bei Leichtsinnigkeit* 61
im Denken für die Gesamtstichprobe im Vergleich zu Normwerten
Abbildung 15 *Outcome in Skalenmittelwerten: Abstinenzzuversicht bei angenehmen* 62
Gefühlen für die Gesamtstichprobe im Vergleich zu Normwerten
Abbildung 16 *Vergleich der psychischen Symptombelastung anhand der* 64
Skalenmittelwerte der GSI-9 (SCL-K-9)
Abbildung 17 *Vergleich der physischen Symptombelastung anhand der jeweiligen* 66
Mittelwerte der Skala „Somatisierung" der SCL-90-R
Abbildung 18 *Outcome in T-Werten für die SEE-Skala „Akzeptanz eigener Emotionen"* 69
Abbildung 19 *Outcome in T-Werten für die SEE-Skala „Erleben von Emotionsmangel"* 70
Abbildung 20 *Outcome in T-Werten für die SEE-Skala „Erleben von Emotionsüberflutung"* 71
Abbildung 21 *Outcome in T-Werten für die SEE-Skala „Körperbezogene Symbolisierung* 73
von Emotionen"
Abbildung 22 *Outcome in T-Werten für die SEE-Skala „Imaginative Symbolisierung* 74
von Emotionen"
Abbildung 23 *Outcome in T-Werten für die SEE-Skala „Erleben von Emotionsregulation"* 75
Abbildung 24 *Outcome in T-Werten für die SEE-Skala „Erleben von Selbstkontrolle"* 77
Abbildung 25 *Durchschnittliche Bewertungen der Stationsatmosphäre auf beiden TVS* 79
im Vergleich zu den Daten einer klinischen Normstichprobe (Norm-SP)
und einer Stichprobe von Psychiatriepatienten (PS1)

Abbildungsverzeichnis

Seite

Abbildung 26 *Stundenbeurteilung des Fertigkeitentrainings auf der TVS Fuhlsbüttel* 82
(Therapeut vs. Studienteilnehmer)
Abbildung 27 *Stundenbeurteilung des Fertigkeitentrainings auf der TVS Billwerder* 83
(Therapeut vs. Studienteilnehmer)
Abbildung 28 *Stundenbeurteilung des Rückfallprophylaxe-Trainings auf der TVS Fuhlsbüttel* ... 84
(Therapeut vs. Studienteilnehmer)
Abbildung 29 *Stundenbeurteilung des Rückfallprophylaxe-Trainings auf der TVS Billwerder* 85
(Therapeut vs. Studienteilnehmer)
Abbildung 30 *Per-protocol- und Intention-to-treat-Outcome über alle Gebiete* 90
  in Reliable-Change-Werten (RCIs)

Literaturverzeichnis

Ahlf, E.-H., Erhardt, E. & Leineweber, H. (1993). *Drogen und Kriminalität: Beiträge, Forschungsberichte und Materialien aus dem Kriminalistischen Institut.* Wiesbaden: Bundeskriminalamt.
Arbeitsgemeinschaft der Wissenschaftlichen Medizinischen Fachgesellschaften e. V. (AWMF). (2008). S2-Leitlinie Psychiatrie: Persönlichkeitsstörungen. Zugriff Januar 2011. Verfügbar unter www.awmf.org/leitlinien/detail/ll/038-015.html
Baldus, C., Stadler, L., Ziegelmüller, J., Gosler, S. & Thomasius, R. (2010). *Evaluation einer Therapievorbereitungsstation für drogenabhängige und -missbrauchende Gefangene im hamburgischen Strafvollzug.* Hamburg: Universitätsklinikum Hamburg-Eppendorf, Deutsches Zentrum für Suchtfragen des Kindes- und Jugendalters (DZSKJ).
Barkmann, C., Sack, P.-M. & Schulte-Markwort, M. (2009). Therapieevaluation. In R. Thomasius, M. Schulte-Markwort, U.J. Küstner & P. Riedesser (Hrsg.), *Suchtstörungen im Kindes- und Jugendalter. Das Handbuch: Grundlagen und Praxis* (S. 280-291). Stuttgart: Schattauer.
Bartmann, U. (2005). *Laufen und Joggen für die Psyche* (4., erw. Aufl.). Tübingen: dgvt-Verlag.
Bäuml, J. (2010). Psychoedukative Therapie. In V. Arolt & A. Kersting (Hrsg.), *Psychotherapie in der Psychiatrie* (S. 121-133). Heidelberg: Springer.
Beblo, T., Schrader, S. & Brand, C. (2005). Diagnostik depressiver Störungen im Alter. *Zeitschrift für Gerontopsychologie und -psychiatrie, 18,* 177-187.
Behr, M. & Becker, M. (Hrsg.). (2004). *Skalen zum Erleben von Emotionen – Manual.* Göttingen: Hogrefe.
Berger, J., Scheurer, H., Honecker, Y., Andritsch, F. & Six, A.T.I. (1999). Straffällige Alkohol- und Drogenabhängige. *Fortschritte der Neurologie Psychiatrie, 67,* 502-508.
Bortz, J. & Döring, N. (2006). *Forschungsmethoden und Evaluation* (4. Aufl.). Berlin: Springer.
Bortz, J. (1999). *Statistik für Sozialwissenschaftler* (5., überarb. Aufl.). Berlin: Springer.
Bortz, J., Lienert, G.A. & Boehnke, K. (2000). *Verteilungsfreie Methoden der Biostatistik* (2. Aufl.). Berlin: Springer.
Brooke, D., Taylor, C., Gunn, J. & Maden, A. (1998). Substance misusers remanded to prison – a treatment opportunity? *Addiction, 93* (12), 1851-1856.
Bühringer, G. (2003). *Drogenkriminalität und Drogenprävention in Europa.* Heidelberg: Physika.
Bundeskriminalamt (Hrsg.). (2010). *Polizeiliche Kriminalstatistik Bundesrepublik Deutschland. Berichtsjahr 2009.* Wiesbaden: Bundeskriminalamt, Kriminalistisches Institut.
Carroll, K.M. & Nuro, K.F. (2002). One size cannot fit all: A stage model for psychotherapy manual development. *Clinical Psychology: Science and Practice, 9,* 396-406.
Dilling, H., Mombour, W., Schmidt, M.H. (Hrsg.). (2000). *Internationale Klassifikation psychischer Störungen. ICD-10 Kapitel V(F). Klinisch-diagnostische Leitlinien* (4. Aufl.). Bern: Huber.
Dolde, G. (1995). Drogengefährdete und Drogenabhängige im Justizvollzug. In A. Desseker & R. Egg (Hrsg.), *Die strafrechtliche Unterbringung in einer Entziehungsanstalt. Rechtliche, empirische und praktische Aspekte* (S. 93-103). Wiesbaden: Kriminologische Zentralstelle.
Dolde, G. (2002). Therapie in Untersuchungs- und Strafhaft. In Deutsche Hauptstelle gegen die Suchtgefahren e. V. & R. Gaßmann (Hrsg.), *Suchtprobleme hinter Mauern. Drogen, Sucht und Therapie in Straf- und Maßregelvollzug* (S. 131-142). Freiburg im Breisgau: Lambertus.
Dreger, L. (2002). Interne Beratung und Betreuung Drogenabhängiger in Justizvollzugsanstalten am Beispiel NRW. In Deutsche Hauptstelle gegen die Suchtgefahren e. V. & R. Gaßmann (Hrsg.),

Literaturverzeichnis

Suchtprobleme hinter Mauern. Drogen, Sucht und Therapie in Straf- und Maßregelvollzug (S. 167-174). Freiburg im Breisgau: Lambertus.

Egg, R. (2002). Sucht und Delinquenz – Epidemiologie, Modelle und Konsequenzen. In Deutsche Hauptstelle gegen die Suchtgefahren e. V. & R. Gaßmann (Hrsg.), *Suchtprobleme hinter Mauern. Drogen, Sucht und Therapie in Straf- und Maßregelvollzug* (S. 13-33). Freiburg im Breisgau: Lambertus.

Europäische Beobachtungsstelle für Drogen und Drogensucht (EBDD). (2002). *Jahresbericht über den Stand der Drogenproblematik in der Europäischen Union und in Norwegen.* Luxemburg: Amt für amtliche Veröffentlichungen der Europäischen Gemeinschaften.

Fachkommission Resozialisierung (2010). Abschlussbericht der Fachkommission „Optimierung der ambulanten und stationären Resozialisierung in Hamburg" vom 8.03.2010. Zugriff Januar 2011. Verfügbar unter www.dvjj.de/download.php?id=1240

Fazel, S. & Danesh, J. (2002). Serious mental disorder in 23 000 prisoners: A systematic review of 62 surveys. *Lancet, 359*, 545-550.

Fazel, S., Bains, P. & Doll, H. (2006). Substance abuse and dependence in prisoners: a systematic review. *Addiction, 101* (2), 181-191.

Feldmann, M., Ziegelmüller, J. & Thomasius, R. (2008b). *Fragen zu bisherigen Therapieversuchen.* Unveröffentlicher Fragebogen, Hamburg, Universitätsklinikum Hamburg-Eppendorf, Deutsches Zentrum für Suchtfragen des Kindes- und Jugendalters (DZSKJ).

Feldmann, M., Ziegelmüller, J. & Thomasius, R. (2008d). *Fragen zur Akupunktur.* Unveröffentlichter Fragebogen, Hamburg, Universitätsklinikum Hamburg-Eppendorf, Deutsches Zentrum für Suchtfragen des Kindes- und Jugendalters (DZSKJ).

Feldmann, M., Ziegelmüller, J. & Thomasius, R. (2008a). *Drogenanamnese.* Unveröffentlichter Fragebogen, Hamburg, Universitätsklinikum Hamburg-Eppendorf, Deutsches Zentrum für Suchtfragen des Kindes- und Jugendalters (DZSKJ).

Feldmann, M., Ziegelmüller, J. & Thomasius, R. (2008c). *Erhebung soziodemografischer Daten.* Unveröffentlichter Fragebogen, Hamburg, Universitätsklinikum Hamburg-Eppendorf, Deutsches Zentrum für Suchtfragen des Kindes- und Jugendalters (DZSKJ).

Fischer, M., Missel, P., Nowak, M., Roeb-Rienas, W., Schiller, A. & Schwehm, H. (2007). Ergebnisqualität in der stationären und medizinischen Rehabilitation von Drogenabhängigen (Drogenkatamnese). Teil I: Einführung in die Thematik, Untersuchungsdesign und Behandlungseffekte. *Sucht aktuell, 1,* 41-47.

Flügel, T. (2006). *Subjektives Wichtigkeitserleben des Behandlungsangebots und des stationären Settings auf einer Psychotherapiestation für Patienten mit Persönlichkeits- und Belastungsstörungen.* Dissertation, Medizinische Fakultät der Universität Hamburg.

Frädrich, S. & Pfäfflin, F. (2000). Zur Prävalenz von Persönlichkeitsstörungen bei Strafgefangenen. *Recht & Psychiatrie, 18,* 95-104.

Franke, G.H. (2002). *SCL-90-R. Symptom-Checklist von Derogatis – Deutsche Version Manual* (2. Aufl.). Göttingen: Beltz.

Goffman, E. (1973). *Analyse. Über die soziale Situation psychiatrischer Patienten und anderer Insassen.* Frankfurt am Main: Suhrkamp.

Gouzoulis-Mayfrank, E. (2003). *Komorbidität, Psychose und Sucht. Von den Grundlagen zur Praxis.* Darmstadt: Steinkopff.

Gouzoulis-Mayfrank, E. (2008). Komorbidität und Sucht und andere komorbiden Störungen – Grundlagen und evidenzbasierte Therapie. *Fortschritte der Neurologie Psychiatrie, 76,* 263-271.

Gretenkord, L. (2002). Das Reasoning und Rehabilitation Programm (R&R). In R. Müller-Isberner & L. Gretenkord (Hrsg.), *Psychiatrische Kriminaltherapie* (Band 1, S. 29-40). Lengerich: Pabst Science Publishers.

Hafkenscheid, A. (2000). Psychometric measures of individual change: An empirical comparison with the Brief Psychiatric Rating Scale (BPRS). *Psychiatrica Scandinavica, 101*, 235-242.

Hayne, M. (1990). Problems with affects in drug-users. *Forum der Psychoanalyse, 6* (2), 105-115.

Heinemann, A., Bohlen, K. & Püschel, K. (2002). Abstinenzorientierte Behandlungsstrategien im Strafvollzug: Evaluation des Abstinenz-Erprobungsprogramms der JVA Vierlande in Hamburg. *Suchttherapie, 3,* 146-154.

Jacobson, N.S., Follette, W.C. & Revensdorf, D. (1984). Psychotherapy outcome research: Methods for reporting variability and evaluating clinical significance. *Behavior Therapy, 15,* 336-352.

Kazdin, A.E. (1999). The meanings and measurement of clinical significance. *Journal of Consulting and Clinical Psychology, 67,* 332-339.

Klaghofer, R. & Brähler, E. (2001). Konstruktion und teststatistische Prüfung einer Kurzform des SCL-90-R. *Zeitschrift für Kinder- und Jugendpsychiatrie und Psychotherapie, 49* (2), 115-124.

König, J.M. (2003). Drogen und Delinquenz. Über den Zusammenhang von Drogenabhängigkeit und Kriminalität. *Bewährungshilfe, 50,* 182-191.

Körkel, J. & Schindler, C. (1998). *Zielskala.* Nürnberg: Evangelische Fachhochschule Nürnberg.

Körkel, J. & Schindler, C. (2003). *Rückfallprävention mit Alkoholabhängigen. Das strukturierte Trainingsprogramm S.T.A.R.* Berlin: Springer.

Körkel, J., Schindler, C. & Hannig, J. (2003). Die Heidelberger Skalen zur Abstinenzzuversicht (HEISA). In A. Glöckner-Rist, F. Rist & H. Küfner (Hrsg.), *Elektronisches Handbuch zu Erhebungsinstrumenten im Suchtbereich (EHES).* Version 3.00. Münster: Zentrum für Umfragen, Methoden und Analysen.

Kreuzer, A. (2005). Drogen, Kriminalität und Strafrecht. *Zeitschrift für Jugendkriminalrecht und Jugendhilfe, 16,* 235-241.

Kröner, C. (2005). *Rückfallprognosen in der forensischen Psychiatrie. Vergleich der prädiktiven Validitäten der Prognoseinstrumente ILRV, HCR-20, PCL-R und VRAG.* Dissertation, Medizinische Fakultät der Ludwig-Maximilians-Universität zu München.

Leygraf, N. (2006). Persönlichkeitsgestörte Rechtsbecher. In H.-L. Kröber, D. Dölling, N. Leygraf & H. Saß (Hrsg.), *Handbuch der Forensischen Psychiatrie. Band 3: Psychiatrische Kriminalprognose und Kriminaltherapie* (3. Aufl., S. 271-288). Darmstadt: Steinkopff.

Linehan, M.M. (1996a). *Dialektisch-Behaviorale Therapie der Borderline-Persönlichkeitsstörung.* München: CIP-Medien.

Linehan, M.M. (1996b). *Trainingsmanual zur Dialektisch-Behavioralen Therapie der Borderline-Persönlichkeitsstörung.* München: CIP-Medien.

Mittag, W. & Hager, W. (2000). Ein Rahmenkonzept zur Evaluation psychologischer Interventionsmaßnahmen. In W. Hager, J.L. Patry & H. Brezing (Hrsg.), *Evaluation psychologischer Interventionsmaßnahmen. Standards und Kriterien* (S. 102-128). Bern: Huber.

Pitschel-Walz, G. & Bäuml, J. (2007). Psychoedukation. In T. Becker, J. Bäuml, G. Pitschel-Walz & W. Weig (Hrsg.), *Rehabilitation bei schizophrenen Erkrankungen. Konzepte – Interventionen – Perspektiven* (S. 111-126). Köln: Deutscher Ärzteverlag.

Preusker, H. (2002). Suchtprobleme im Justizvollzug In Deutsche Hauptstelle gegen die Suchtgefahren e. V. & R. Gaßmann (Hrsg.), *Suchtprobleme hinter Mauern. Drogen, Sucht und Therapie in Straf- und Maßregelvollzug* (S. 123-129). Freiburg im Breisgau: Lambertus.

Prinz, U., Nutzinger, D.O., Schulz, H., Petermann, F., Braukhaus, C. & Andreas, S. (2008). Die Symptom-Checklist-90-R und ihre Kurzversionen: Psychometrische Analysen bei Patienten mit psychischen Erkrankungen. *Physikalische Medizin, Rehabilitationsmedizin, Kurortmedizin, 18,* 337-343.

Rautenberg, M. (1998). *Zusammenhänge zwischen Devianzbereitschaft, kriminellem Verhalten und Drogenmissbrauch: Eine Expertise der Kriminologischen Zentralstelle e. V. Wiesbaden.* (Schriftenreihe des Bundesministeriums für Gesundheit; 103). Baden-Baden: Nomos.

Roch, I., Küfner, H., Arzt, J., Böhmer, M. & Denis, A. (1992). Empirische Ergebnisse zum Therapieabbruch bei Drogenabhängigen: Ein Literaturüberblick. *Sucht, 38,* 304-322.

Ross, R., Fabiano, E. & Ross, R.D. (1986). *Reasoning and Rehabilitation: A handbook for teaching cognitive skills.* Ottawa ON: Cognitive Center of Canada.

Salovey, P. & Mayer, J.D. (1990). Emotional intelligence. *Imagination, cognition, and personality, 9,* 185-211.

Sammet, I. & Schauenburg, H. (1999). *SEB. Stations-Erfahrungsbogen. Fragebogen zur Erfassung des Verlaufs stationärer Psychotherapie.* Göttingen: Beltz.

Saß, H., Wittchen, H.U. & Zaudig, M. (Hrsg.). (1998). *Diagnostisches und Statistisches Manual Psychischer Störungen. DSM-IV* (2. Aufl.). Göttingen: Hogrefe.

Schalast, N. (2006). Suchtkranke Rechtsbrecher. In H.-L. Kröber, D. Dölling, N. Leygraf & H. Saß (Hrsg.), *Handbuch der Forensischen Psychiatrie. Band 3: Psychiatrische Kriminalprognose und Kriminaltherapie* (3. Aufl., S. 326-349). Darmstadt: Steinkopff.

Schay, P., Petzold, H.G., Jakob-Krieger, C. & Wagner, M. (2006). Lauftherapie als übungs- und erlebnisbasierte Behandlungsmethode der Integrativen Therapie in der medizinischen Rehabilitation Drogenabhängiger. Theorie Praxis Forschung. In H.G. Petzold, P. Schay & W.H. Scheiblich (Hrsg.), *Integrative Suchtbehandlung. Innovative Modelle, Praxisstrategien und Evaluation.* Wiesbaden: Verlag für Sozialwissenschaften.

Schindler L., Hohenberger-Sieber E. & Hahlweg, K. (1990b). Stundenbeurteilung (Klient). In G. Hank, K. Hahlweg & N. Klann (Hrsg.), *Diagnostische Verfahren für Berater* (S. 331-335). Weinheim: Beltz-Test.

Schindler, L., Hohenberger-Sieber, E. & Hahlweg, K. (1990a). Stundenbeurteilung (Therapeut). In G. Hank, K. Hahlweg & N. Klann (Hrsg.), *Diagnostische Verfahren für Berater* (S. 337-339). Weinheim: Beltz-Test.

Schmitz, B., Schuhler, P., Handke-Raubach, A. & Jung, A. (2001). *Kognitive Verhaltenstherapie bei Persönlichkeitsstörungen und unflexiblen Persönlichkeitsstilen. Ein psychoedukativ- und kompetenzorientiertes Therapieprogramm zur Förderung von Selbstakzeptanz, Menschenkenntnis und persönlicher Entwicklung.* Lengerich: Papst Science Publishers.

Schröder, T. (2005). *Psychische Erkrankungen bei männlichen Gefangenen im geschlossenen Vollzug.* Dissertation, Medizinische Fakultät der Universität zu Lübeck.

Schulz, H., Lang, K., Nübling, R. & Koch, U. (2003). Psychometrische Überprüfung einer Kurzform des Fragebogens zur Psychotherapiemotivation – FPTM-23. *Diagnostica, 49* (2), 83-93.

Schulz, H., Nübling, R. & Rüddel, H. (1995). Entwicklung einer Kurzform eines Fragebogens zur Psychotherapiemotivation. *Verhaltenstherapie, 5* (2), 89-95.

Shrout, P.E. (1998). Measurement reliability and agreement. *Statistical Methods in Medical Research, 7,* 301-317.

Sittinger, H. (2005). Psychoedukation in der Vorbeugung und Behandlung von Suchterkrankungen. In B. Behrendt & A. Schaub (Hrsg.), *Handbuch Psychoedukation und Selbstmanagement* (S. 53-77). Tübingen: dgvt.

Literaturverzeichnis

Sonntag, D. & Künzel, J. (2000). Hat die Therapiedauer bei alkohol- und drogenabhängigen Patienten einen positiven Einfluss auf den Therapieerfolg? *Sucht, 46* (Sonderheft 2), 89-176.

Stevens, J.P. (2002). *Applied multivariate statistics for the social sciences* (4th ed.). Mahwah NJ: Erlbaum.

Steyer, R., Hannöver, W., Telser, C. & Kriebel, R. (1997). Zur Evaluation intraindividueller Veränderung. *Zeitschrift für Klinische Psychologie, 26,* 291-299.

Stockmann, R. (2010). Wissenschaftsbasierte Evaluation. In R. Stockmann & W. Meyer (Hrsg.), *Evaluation* (S. 55-100). Oplade: B. Budrich.

Stöver, H. (2002). DrogengebraucherInnen und Drogenhilfe im Justizvollzug – eine Übersicht. *Suchttherapie, 3,* 135-145.

Stuppe, M. (2002). Dialektisch-Behaviorale Therapie bei Suchtkranken mit schweren Persönlichkeitsstörungen. *Suchttherapie, 3,* 241-245.

Thiele, B. (2007). Durchführung und Auswertung der Ohrakupunktur nach dem NADA-Protokoll im Hamburger Justizvollzug von 2000 bis 2003. Zugriff April 2011. Verfügbar unter http://www.nada-akupunktur.de/pdf/Auswertung_Vollzug.pdf

Thiemann, H. (2006). *Sozial erwünschte Antworttendenzen bei der Bewerberauswahl mit Persönlichkeitsfragebögen.* Dissertation, Fakultät für Psychologie der Ruhr-Universität Bochum.

Tielking, K., Becker, S. & Stöver, H. (2003). *Entwicklung gesundheitsfördernder Angebote im Justizvollzug. Eine Untersuchung zur gesundheitlichen Lage von Inhaftierten.* Oldenburg: Bibliotheks- und Informationssystem der Universität Oldenburg.

Utting, F. (2002). *Prävalenz psychischer Störungen bei Untersuchungsgefangenen.* Dissertation, Fachbereich Humanmedizin der Freien Universität Berlin.

Vickers, A.J. & Altman, D.G. (2001). Analysing controlled trials with baseline and follow up measurements. *British Medical Journal, 323,* 1123-1124

von Schönfeld, C.E., Schneider, F., Schröder, T., Widmann, B., Botthof, U. & Driessen, M. (2006). Prävalenz psychischer Störungen, Psychopathologie und Behandlungsbedarf bei weiblichen und männlichen Gefangenen. *Nervenarzt, 77,* 830-841.

Wessel, T. (2005). Das Psychoedukative Gruppenprogramm bei problematischem Partydrogen- und Opiatkonsum (PEGPPOK). *Konturen, 3,* 11-13.

Wirth, W. (2002). Das Drogenproblem im Justizvollzug. Zahlen und Fakten. *Bewährungshilfe, 49,* 104-122.

Wirtz, M. & Caspar, F. (2002). *Beurteilerübereinstimmung und Beurteilerreliabilität.* Göttingen: Hogrefe.

Wittchen, H.U. & Pfister, H. (1997). *Diagnostisches Expertensystem (DIA-X).* Frankfurt am Main: Swets.

Wittchen, H.U., Zaudig, M. & Fydrich, T. (1997). *Strukturiertes Klinisches Interview für DSM-IV Achse I und II.* Göttingen: Hogrefe. (Original erschienen Washington DC 1996: First, M.B., Spitzer, R.L., Gibbon, M. & Williams, J.B.W. Structured Clinical Interview for DSM-IV axis I disorders, clinician version; 1997: First, M.B., Spitzer, R.L., Gibbon, M., Williams, J.B.W. & Benjamin, L. Structured Clinical Interview for DSM-IV axis II personality disorders).

Ziegelmüller, J., Feldmann, M., Baldus, C. & Thomasius, R. (2009). *Fertigkeitentraining für drogenabhängige oder -missbrauchende Strafgefangene.* Unveröffentlichte Anleitung für Gruppenleiter. Hamburg, Universitätsklinikum Hamburg-Eppendorf, Deutsches Zentrum für Suchtfragen des Kindes- und Jugendalters (DZSKJ).

Anhang A
Materialien zum Fertigkeitentraining
J. Ziegelmüller, M. Feldmann, Ch. Baldus, R. Thomasius

1. Sitzung „Achtsamkeit"

- Einführung in das Fertigkeitentraining (siehe Abschnitt 3.5.1) und Erläuterung des Ablaufs der Sitzungen (siehe Tabelle A.1)

Tabelle A.1
Der Sitzungsablauf

Ablauf **jeder** Sitzung:
1. **Begrüßung, Vorstellung des heutigen Themas** *(2 Min.)*
2. **Anfangsrunde** *(10 Min.)*
   „Wie geht es Ihnen heute? Wo sind Sie mit Ihrer Anspannung / Wie hoch ist Ihre Anspannung?"
3. **Achtsamkeitsübung** *(10 Min.)*
   Anschließend Erfahrungsaustausch:
   „Wie ging es Ihnen mit dieser Übung?",
   „Welche Fertigkeiten wurden hier geübt?",
   „Wann kann diese Übungen für Sie hilfreich sein?"
4. **Besprechung der Hausaufgaben** *(35 Min.)*
   „Wie sind Sie mit der Hausaufgabe zu Recht gekommen? Was haben Sie wie gemacht? Welche Erfahrungen haben Sie gemacht? Was viel Ihnen leicht, was schwer?"
5. **Pause** *(15 Min.)*
6. **Input zu neuem Thema** *(30 Min.)*
7. **Nächste Hausaufgabe erläutern** *(10 Min.)*
8. **Abschlussrunde** *(5 Min.)*
   „Was nehmen Sie aus dieser Sitzung mit?"
   „Wie geht es Ihnen jetzt? Wo ist Ihre Anspannung / Wie hoch ist Ihre Anspannung?"

- Erklärung der Spannungskurve (siehe Abbildung A.1)
- Erläuterung des Begriffs der „Achtsamkeit"

Anhang A

- Erläuterung der „Was"-Fertigkeiten: Es gibt Fertigkeiten der Wahrnehmung (Hören, Sehen, Riechen, Tasten, Schmecken) des Beschreibens von Ereignissen und Reaktionen sowie der aktiven Teilhabe am gegenwärtigen Geschehen, mit denen, „was" getan werden kann

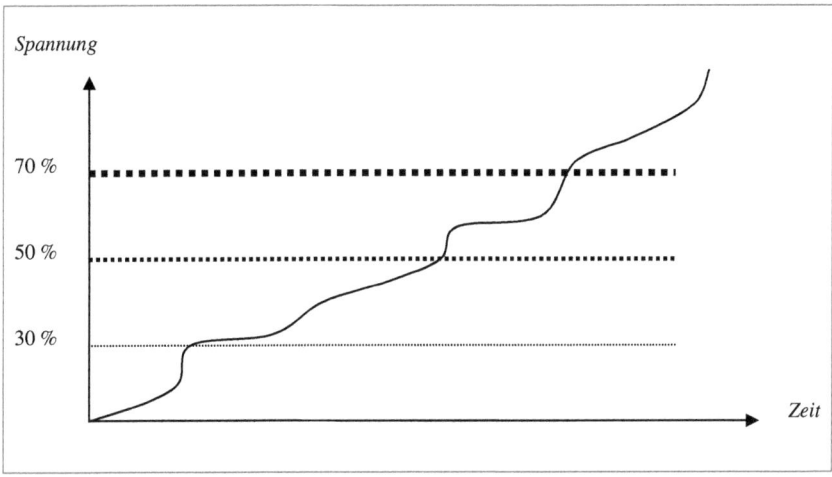

Abbildung A.1 *Die Spannungskurve*

Legende:
Anspannung *unter 30 %*: keine größere Anspannung.
Anspannung *zwischen 30 % bis 50 %*: leichte bis mittlere Anspannung. Hier können *Achtsamkeitsfertigkeiten* eingesetzt werden.
Anspannung *zwischen 50 % bis 70 %*: mittlere bis starke Anspannung. Zur Reduktion der Anspannung können hier *zwischenmenschliche Fertigkeiten und Fertigkeiten im Umgang mit Gefühlen* eingesetzt werden.
Anspannung *über 70 %:* extreme Anspannung. Hier wird die Kontrolle über Gedanken und Gefühle verloren, unter Umständen kann man nicht mehr alleine aus diesem Spannungszustand herauskommen. Hier können *Stresstoleranzfertigkeiten* angewendet werden.

2. Sitzung „Achtsamkeit"

- Vermittlung von Fertigkeiten zur wertfreien, konzentrierten und wirkungsvollen Wahrnehmung, Beschreibung und Handlung („Wie"-Fertigkeiten)
- Aufbauend auf Sitzung 1 wird die sinngesteuerte Achtsamkeit vertieft
- Einführung in das Modul „Zwischenmenschliche Fertigkeiten" im Hinblick auf drei wesentliche Ziele:

    1. Zieleffektivität: auf eigene Wünsche, Ziele und Meinungen bestehen
    2. Aufrechterhaltung und Verbesserung zwischenmenschlicher Beziehungen
    3. Aufrechterhaltung und Verbesserung der Selbstachtung

3. Sitzung „Zwischenmenschliche Fertigkeiten"

- Thematisierung von Orientierungshilfen zum Erreichen von Zielen: Beziehungspflege, Setzen von Prioritäten, Entwicklung und Steigerung von Selbstachtung und Kompetenz
- Umgang mit möglichen Hindernissen: Mangel an Fertigkeiten, störende Gedanken, beeinträchtigende Gefühle, Unentschlossenheit, Umfeld
- Aufzeigen ungünstiger Einstellungen (Mythen), z. B. „Wenn ich um etwas bitte, wird das zeigen, dass ich ein schwacher Mensch bin" und förderlicher Einstellungen, z. B. „Es ist in Ordnung, wenn ich von einer anderen Person etwas möchte oder brauche"

4. Sitzung „Zwischenmenschliche Fertigkeiten"

- Sensibilisierung für Faktoren, die beim zwischenmenschlichen Umgang zu berücksichtigen sind: Prioritäten, Fähigkeiten, der Zeitpunkt, die Vorbereitung, die Zuständigkeit, Rechte, die Beziehungskonstellation, Gegenseitigkeit, kurz- und langfristige Auswirkungen, die Selbstachtung

5. Sitzung „Zwischenmenschliche Fertigkeiten"

- Vermittlung von Richtlinien für zielorientiertes Handeln: hilfreiche Strategien und konkrete Handlungsanweisungen zur effektiveren Zielerreichung, z. B. zum

Ausdrücken von Gefühlen und Gedanken, einem selbstsicheren Auftreten und Verhandlungsgeschick

6. Sitzung „Zwischenmenschliche Fertigkeiten"

- Vermittlung von Richtlinien zur Beziehungsorientierung und Kompetenzen zur Aufrechterhaltung von Beziehungen, z. B. Freundlichkeit, Interesse bekunden, aktives Zuhören, Diplomatie
- Erläuterung von Richtlinien für die Aufrechterhaltung der Selbstachtung, z. B. Aufrichtigkeit und das Vertreten eigener Wertvorstellungen

7. Sitzung „Umgang mit Gefühlen"

- Ziele des Trainings der Gefühlsregulierung: Identifikation eigener Gefühle, Verringerung emotionaler Verwundbarkeit, Verminderung emotionalen Leidens
- Erläuterung der Bedeutungen, Funktionen und der Ausdrucksformen von Gefühlen

8. Sitzung „Umgang mit Gefühlen"

- Einführung des Gefühlsprotokolls (siehe Tabelle A.2)

Anhang A

Tabelle A.2
Das Gefühlsprotokoll

Aufgabe: Wählen Sie ein Gefühl aus, das Sie jetzt empfinden oder das Sie vor kurzem empfunden haben. Füllen Sie folgende Fragen aus, soweit es Ihnen möglich ist.

1. **Gefühl**:

2. **Intensität** des Gefühls von 0-100:

3. **Auslösendes Ereignis** für mein Gefühl. Wodurch wurde das Gefühl hervorgerufen?

4. **Interpretation, Vermutung, Bewertung, Annahme** über die auslösende Situation: Was habe ich in der Situation als erstes gedacht?

5. **Körperwahrnehmung und körperliche Veränderung**: Was nehme ich an meinem Körper wahr?

6. **Körpersprache**: Wie ist mein Gesichtsausdruck? Geste? Körperhaltung?

7. **Handlungsimpuls**: Was würde ich gerne tun? Was möchte ich sagen?

8. Was ich in der Situation **gesagt oder getan habe** (beschreiben Sie genau):

9. Welche **Auswirkung** hatte das Gefühl auf mich? (Befinden, andere Gefühle, Verhalten, Gedanken, Gedächtnis, Körper)

10. Welche **Funktion** hatte das Gefühl?

9. Sitzung „Umgang mit Gefühlen"

- Aufbauend auf vorangegangener Sitzung 8 werden die Gefühlsprotokolle näher besprochen
- Thematisierung emotionaler Mythen, z. B. „Emotional zu sein heißt, die Selbstbeherrschung zu verlieren" sowie der Möglichkeiten ihrer „Umformulierung"
- Einführung des Wochenprotokolls der Gefühle (siehe Tabelle A.3)

Tabelle A.3
Das Gefühlswochenprotokoll

Aufgaben: Schreiben Sie eine Woche lang täglich ein Gefühl auf und analysieren Sie es genau. Wählen Sie aus, welches Gefühl Sie notieren, entweder:

- *das heftigste Gefühl am Tag*
- *das am längsten andauernde Gefühl am Tag*
- *das schmerzhafteste Gefühl am Tag*
- *das Gefühl, welches Ihnen die meisten Probleme bereitet*

Tag	Gefühl	Ereignis	Welche Funktion hat das Gefühl?
1			
2			
3			
4			
5			
6			
7			

10. Sitzung „Umgang mit Gefühlen"

- Aufbauend auf vorangegangene Sitzung 9 wird ein Gefühlswochenprotokoll exemplarisch vorgestellt
- Vorstellung von „entgegengesetztem Handeln" zur Veränderung von Gefühlen, z. B. „Tun Sie das, wovor Sie Angst haben! Probieren Sie es immer wieder aus!"
- Anleitung zur Verringerung von Verwundbarkeit durch schmerzhafte Gefühle und dem Schaffen von mehr positiven Erfahrungen

11. Sitzung „Stresstoleranz"

- Erläuterung der Bedeutung von Stresstoleranz und dem Zusammenhang mit den Achtsamkeitsfertigkeiten: „Stresstoleranz ist die Fähigkeit, eine Situation so anzunehmen wie sie im Moment ist, ohne sie dabei zu bewerten."
- Vorstellung einer möglichen Strategie zum Umgang mit unangenehmen Situationen / zur Krisenbewältigung: die Ablenkung

12. Sitzung „Stresstoleranz"

- Vorstellung weiterer möglicher Strategien zum Umgang mit unangenehmen Situationen / zur Krisenbewältigung: die Selbstberuhigung über die fünf Sinne, über die Veränderung des Augenblicks und durch das Abwägen von Pro und Contra

13. Sitzung „Stresstoleranz"

- Vermittlung der Grundprinzipien für das bewusste Annehmen der Realität in unabänderlichen Situationen, anstatt diese zu vermeiden: radikales Annehmen, sich für einen neuen Weg entscheiden und die innere Bereitschaft
- Exemplarische Vorstellung einer Übung zum Annehmen der Realität, z. B. einer Achtsamkeitsübung oder einer Atemübung

14. Sitzung „Stresstoleranz" und Abschluss

- Kurze Wiederholung der Themen aller vorangegangenen 13 Sitzungen
- Einordnung der Inhalte zu den vier übergeordneten Modulen
- Resümee der Teilnehmer im Hinblick auf ihre Ziele, welche sie sich vor Aufnahme auf die TVS selbst gesetzt hatten, und das von Ihnen im Rahmen des Fertigkeitentrainings Erreichte

Anhang B

Anhang B
Beispiele für Flip-Charts aus den Sitzungen des Fertigkeitentrainings

Einführung

Nr. 1: *Module des Fertigkeitentrainings*   Nr. 2: *Einführung Fertigkeitentraining*

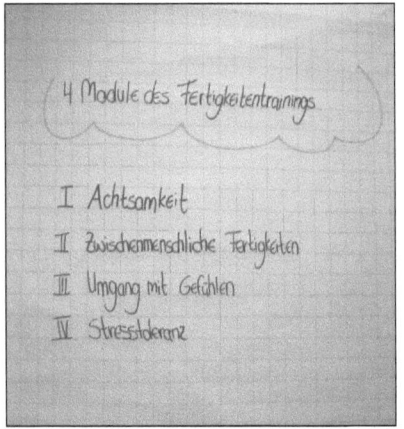 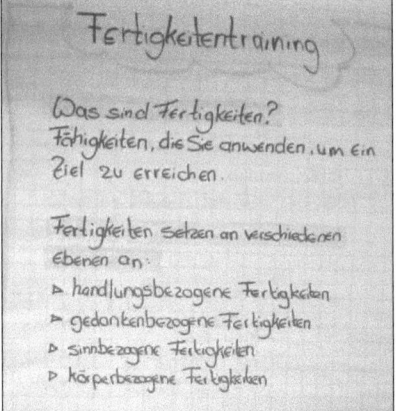

Anhang B

Nr. 3: *Spannungskurve*

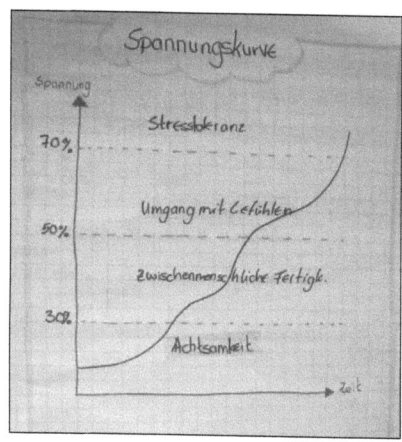

Modul I: Achtsamkeit

Nr. 4: *Ziele des Moduls „Achtsamkeit"*   Nr. 5: *„Was"-Fertigkeiten*

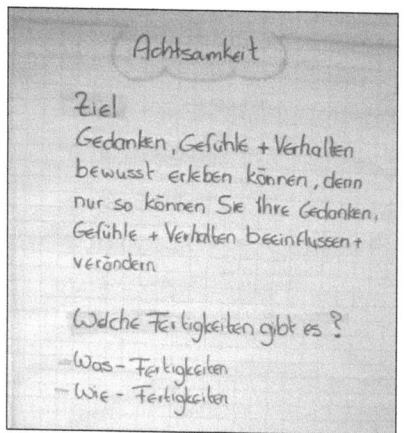 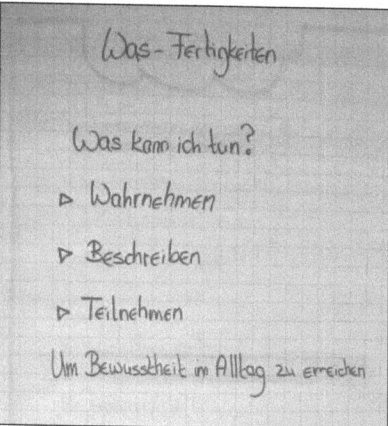

Anhang B

Nr. 6: „Wie"-Fertigkeiten

Nr. 7: Zusammenspiel „Achtsamkeit"

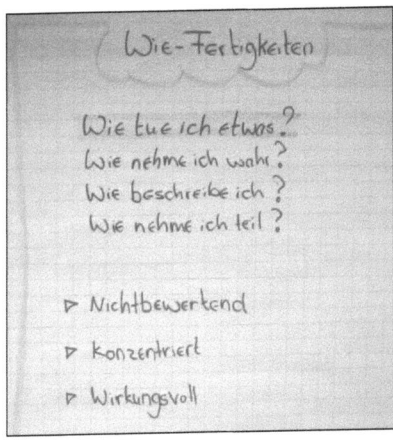
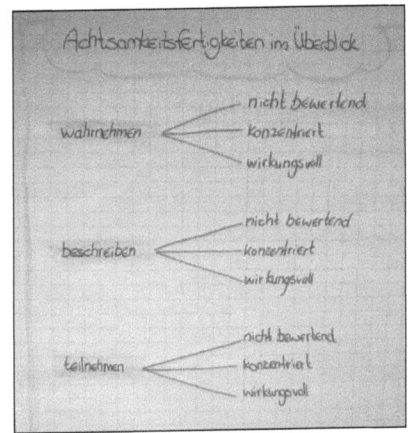

Modul II: Zwischenmenschliche Fertigkeiten

Nr.8: Ziele des Moduls

Nr.9: Orientierungshilfen

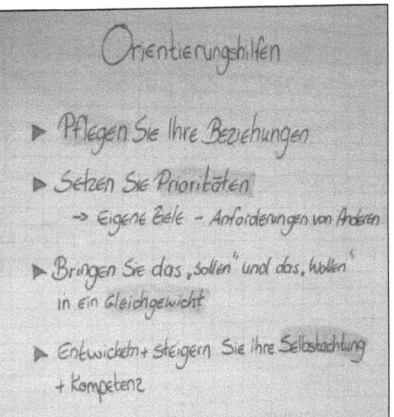

Nr.10: *Hindernisse*

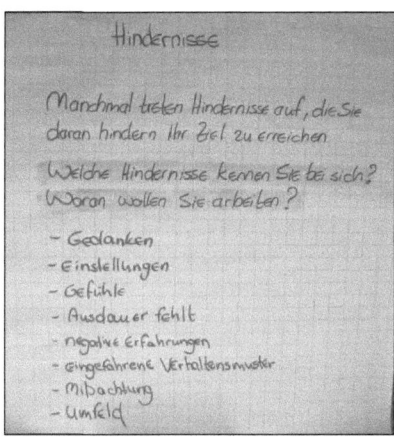

Nr.11: *Ungünstige Einstellungen*

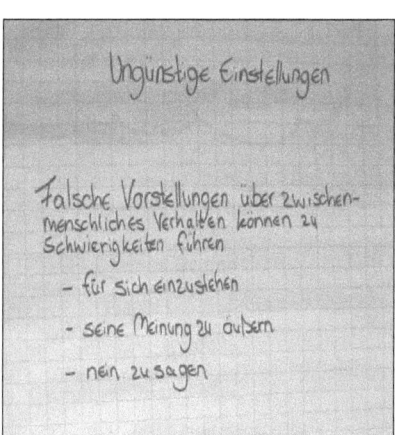

Nr. 12: *Förderliche Aussagen*

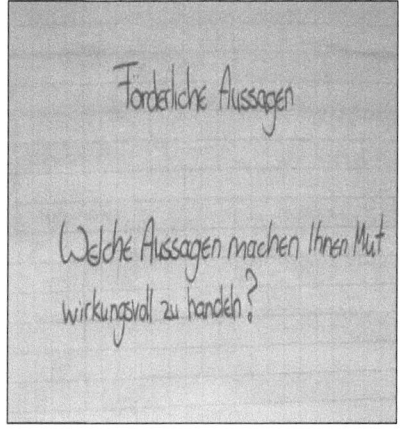

Nr. 13: *Ungünstige Einstellungen (3)*

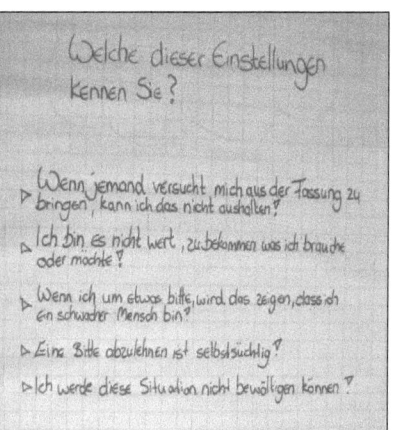

Anhang B

Nr. 14: *Checkliste*

Nr. 15: *Richtlinien „Zielorientiertes Handeln"*

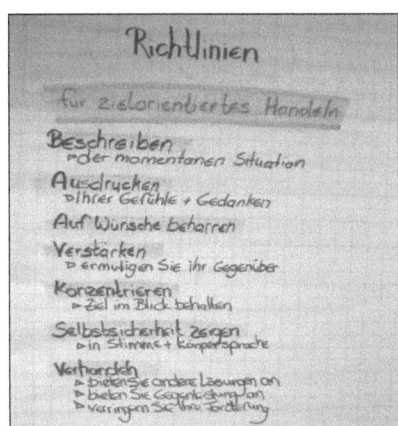

Nr. 16: *Richtlinien „Beziehungsorientierung"*

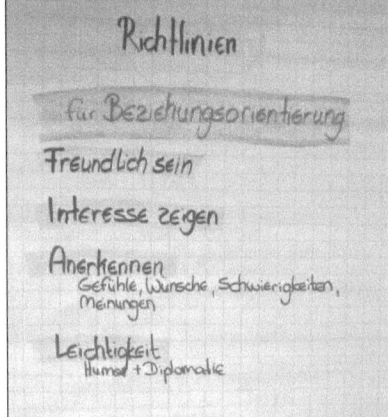

Nr. 17: *Richtlinien „Orientierung und Selbstachtung"*

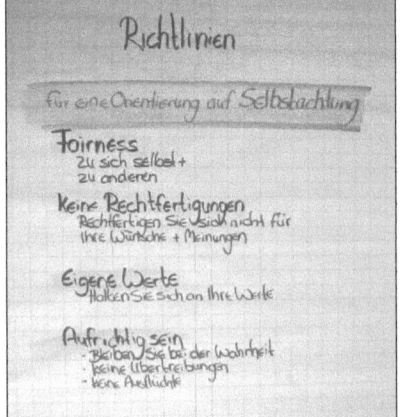

Anhang B

Modul III: Umgang mit Emotionen

Nr. 18: *Ziele des Moduls* Nr. 19: *Warum treten Emotionen auf? (1)*

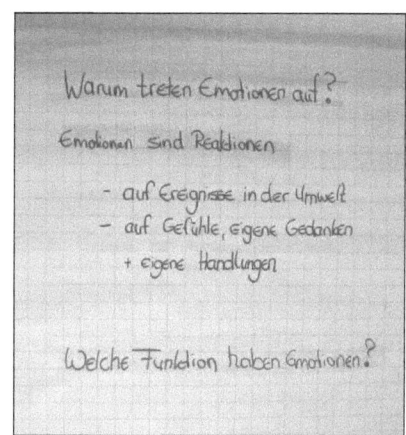

Nr. 20: *Funktion von Emotionen (1)* Nr. 21: *Emotionale Mythen*

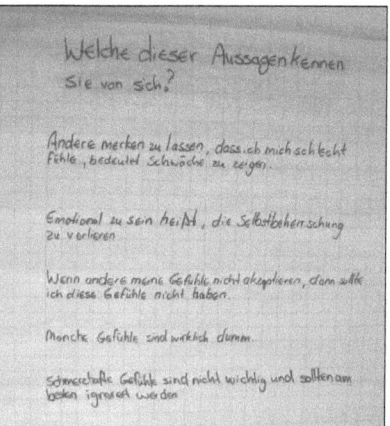

Anhang B

Nr. 22: *Verwundbarkeit verringern*

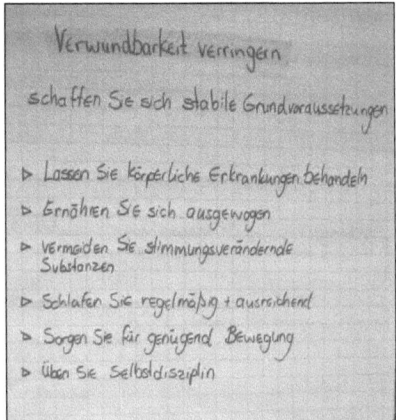

Modul IV: Stresstoleranz

Nr. 23: *Definition „Stresstoleranz" (1)* Nr. 24: *Strategien der Krisenbewältigung: sich ablenken*

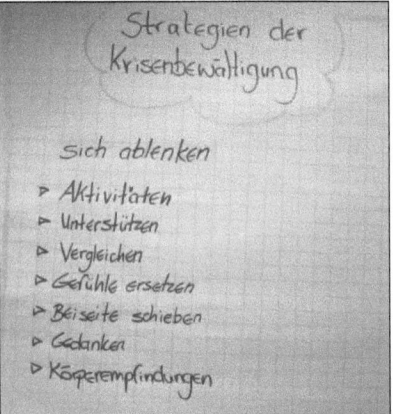

Nr. 25: *Strategien der Krisenbewältigung: sich beruhigen mit den fünf Sinnen*

Nr. 26: *Strategien der Krisenbewältigung: den Augenblick verändern*

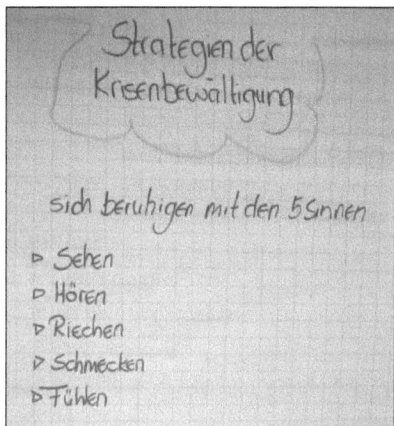

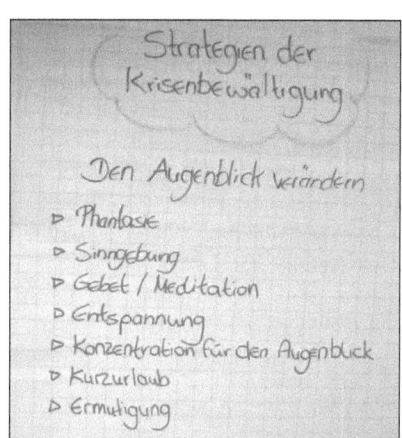

Nr. 27: *Strategien der Krisenbewältigung:* **an das Pro und Contra denken**

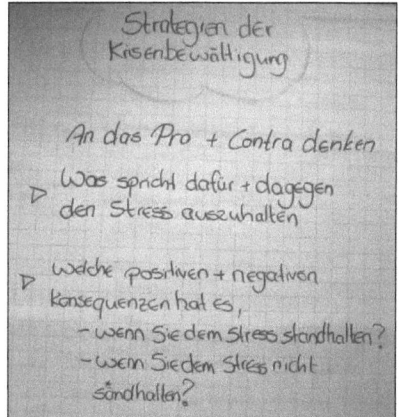

Anhang C
Längsschnittanalyse über die Zeitpunkte t_1-t_2-t_3-t_4
P.-M. Sack unter Mitarbeit von J. Zill

Die Darstellungen der Resultate in Kapitel 4 „Ergebnisse der summativen Evaluation" folgten dem Prinzip:

- Vergleich t_1-t_2 gemäß einfaktoriellen ANCOVA-Resultaten basierend auf n = 24 über die nicht-transformierten Skalenwerte
- Deskription der (meist normierten Werte) von t_1 bis zu t_4 basierend auf n_{t1-t2} = 24, n_{t2-t3} = 21 und n_{t3-t4} = 18
- dabei qua Inspektion Bezug nehmend auf Unterschiede zwischen den Werten aus der TVS Fuhlsbüttel und der TVS Billwerder und
- den Bezug zu Norm-/Referenzstichproben herstellend

Hierdurch sollte die Information aus den maximalen Fallzahlen pro Messzeitpunkt berücksichtigt werden, was Querschnittsvergleichen über vier Messzeitpunkte hinweg entspricht. Der eigentliche – hier im Anhang C mitgeteilte – Längsschnittvergleich der ANCOVA-Resultate über die Messzeitpunkte t_1 bis t_4 beruht dagegen auf nur n = 18 Fällen pro Messzeitpunkt, da eine Messwiederholungsanalyse lediglich diejenigen Fälle mit einbezieht, von denen alle Daten zu allen Zeitpunkten vorliegen.

▶ *Vorbemerkungen*
Es werden die Ergebnisse zu zweifaktoriellen ANCOVAs über vier Messzeitpunkte berichtet (2×4-Design Gruppe×Zeit). Für eine ANCOVA mit Messwiederholungen muss die Annahme gemacht werden, dass die Messwertreihen zu allen Messzeitpunkten etwa gleich korrelieren. Alle ANCOVAs in Anhang C sind Baseline adjustiert. Für eine Baseline-Adjustierung werden die Werte zu t_1 für alle Fälle auf den gemeinsamen Mittelwert geschätzt, woraus notwendig ein Standardfehler von Null resultiert. Da eine Baseline-Adjustierung von einem Zugewinn an statistischer Power profitiert (Vickers & Altman, 2001), findet man eher signifikante Unterschiede auch bei kleinerer Effektstärke und trotz kleinem Stichprobenumfang.
Der Haupteffekt „Gruppe" (TVS Billwerder vs. TVS Fuhlsbüttel) war zwar inhaltlich von Interesse, jedoch würde er auf den stark unterschiedlichen Fallzahlen

Anhang C

in den Designzellen beruhen und wird deswegen in den Tabellen nicht mitgeteilt (vgl. Bortz, 1999). Zur Abschätzung auf Gruppenunterschiede ist die deskriptive Darstellung im Hauptteil informativer. Mitgeteilt werden in diesem Anhang C der Haupteffekt „Zeit" und der Interaktionseffekt „Gruppe×Zeit". Bei der Interpretation werden nur Effekte berücksichtigt, die gemäß Bonferroni-Adjustierung auf p < 0,02 beruhen. Alpha-Fehler-Adjustierungen sind zwar umstritten, helfen beim vorliegenden niedrigen Stichprobenumfang jedoch, die Befunde nicht überzuinterpretieren.

▶ *Abstinenzzuversicht*
Zur Erfassung der Absicht und Zuversicht der Studienteilnehmer, künftig in (vier Klassen von) Risikosituationen abstinent bleiben zu können, wurden die „Heidelberger Skalen zur Abstinenzzuversicht" (HEISA-16) von Körkel, Schindler und Hannig (2003) eingesetzt. Höhere Skalenwerte entsprechen inhaltlichen Besserungen.

Tabelle C.1a und Tabelle C.1b: Der Haupteffekt „Zeit" zu Skala „Unangenehme Gefühle" wird über t_1-t_2 signifikant mit großer Effektstärke. Er scheint darauf zurückführbar, dass sich zu t_2 die Werte aus der TVS Fuhlsbüttel gebessert haben, während die der TVS Billwerder praktisch unverändert geblieben sind (vgl. die marginal signifikante Interaktion t_1-t_2). Profitiert haben eher die Studienteilnehmer der TVS Fuhlsbüttel, d. h. deren Selbsteinschätzung, in künftigen Risikosituationen sicherer mit unangenehmen Gefühlen umgehen zu können, hat zugenommen.

Tabelle C.1a
Längsschnitt-Resultate zur Skala „Unangenehme Gefühle"

Effekt	Zeit	F	df	p	eta²
Zeit	t_1 zu t_2	28,86	1	**0,00**	**0,69**
Zeit	t_2 zu t_3 [a]	3,37	1	0,09	0,21
Zeit	t_3 zu t_4	0,23	1	0,64	0,02
Gruppe×Zeit	t_1 **zu** t_2 [a]	6,39	1	0,03	0,33
Gruppe×Zeit	t_2 zu t_3	2,38	1	0,15	0,16
Gruppe×Zeit	t_3 zu t_4	0,01	1	0,93	0,00

Anmerkungen. Baseline-adjustierte ANCOVA mit Messwiederholungen, jeweils n = 18;
[a] = marginal signifikant.

Anhang C

Tabelle C.1b
Längsschnitt-Resultate zur Skala „Unangenehme Gefühle"

Gruppen	Zeit	Mittelwert	Standardfehler
TVS Fuhlsbüttel	t_1	3,49	0,00
	t_2	4,76	0,26
	t_3	5,22	0,30
	t_4	4,92	0,37
TVS Billwerder	t_1	3,49	0,00
	t_2	3,40	0,46
	t_3	3,21	0,53
	t_4	2,86	0,86

Tabelle C.2a und Tabelle C.2b: Der Haupteffekt „Zeit" zu Skala „Versuchungen und Verlangen" wird über t_1-t_2 und dann zu t_2-t_3 signifikant mit großen Effektstärken. Die nur marginal signifikanten Interaktionen „Gruppe×Zeit" rechtfertigen die Annahme, dass sich die Werte der TVS Fuhlsbüttel und TVS Billwerder zu t_1-t_2 mit vernachlässigbaren Unterschieden gebessert haben, und dass ab Zeitpunkt t_2 das jeweils erreichte Niveau beibehalten wurde. Über die Messzeitpunkte hinweg ist ein steigender Standardfehler in der Gruppe der TVS Billwerder zu beobachten; das Ausmaß an Kompetenz im Umgang mit „Situationen der Versuchungen und des Verlangens" (typischerweise Craving-Situationen) streut dort demnach zu t_4 ausgeprägter als in der TVS Fuhlsbüttel.

Tabelle C.2a
Längsschnitt-Resultate zur Skala „Versuchungen und Verlangen"

Effekt	Zeit	F	df	p	eta^2
Zeit	t_1 zu t_2	47,35	1	**0,00**	**0,79**
Zeit	t_2 zu t_3	9,05	1	**0,01**	**0,41**
Zeit	t_3 zu t_4	0,35	1	0,56	0,03
Gruppe×Zeit	t_1 zu t_2 [a]	4,21	1	0,06	0,25
Gruppe×Zeit	**t_2 zu t_3** [a]	3,56	1	0,08	0,22
Gruppe×Zeit	t_3 zu t_4	0,22	1	0,65	0,02

Anmerkungen. Baseline-adjustierte ANCOVA mit Messwiederholungen, jeweils n = 18;
[a] = marginal signifikant.

Tabelle C.2b
Längsschnitt-Resultate zur Skala „Versuchungen und Verlangen"

Gruppen	Zeit	Mittelwert	Standardfehler
TVS Fuhlsbüttel	t_1	3,92	0,00
	t_2	5,02	0,23
	t_3	5,30	0,30
	t_4	5,24	0,35
TVS Billwerder	t_1	3,92	0,00
	t_2	4,05	0,40
	t_3	3,53	0,53
	t_4	3,64	0,62

Tabelle C.3a und Tabelle C.3b: Der Haupteffekt „Zeit" zu Skala „Leichtsinnigkeit im Denken" wird über die Messzeitpunkte t_1-t_2 und t_2-t_3 signifikant mit großen Effektstärken. Es ergibt sich ansonsten die gleiche Interpretation wie zu „Versuchungen und Verlangen" (vgl. Tabelle C.2a und Tabelle C.2b): Die Interaktionen „Gruppe×Zeit" sind auch hier nur marginal signifikant und stützen die Annahme, dass im Durchschnitt wiederum die Insassen der TVS Fuhlsbüttel deutlicher profitierten, und dass die Insassengruppen beider TVS ab Zeitpunkt t_2 das jeweils erreichte Niveau beibehalten haben. Auch in der Skala „Leichtsinnigkeit im Denken" steigt der Standardfehler der TVS Billwerder; auch die darin zu t_2 erlangte Kompetenz scheint recht unterschiedlich dauerhaft zu sein.

Tabelle C.3a
Längsschnitt-Resultate zur Skala „Leichtsinnigkeit im Denken"

Effekt	Zeit	F	df	p	eta²
Zeit	t_1 zu t_2	24,99	1	**0,00**	**0,66**
Zeit	t_2 zu t_3	9,22	1	**0,01**	**0,42**
Zeit	t_3 zu t_4	1,11	1	0,31	0,08
Gruppe×Zeit	t_1 zu t_2	2,83	1	0,12	0,18
Gruppe×Zeit	t_2 zu t_3 [a]	4,66	1	0,05	0,26
Gruppe×Zeit	t_3 zu t_4	0,90	1	0,36	0,07

Anmerkungen. Baseline-adjustierte ANCOVA mit Messwiederholungen, jeweils n = 18;
[a] = marginal signifikant.

Anhang C

Tabelle C.3b
Längsschnitt-Resultate zur Skala „Leichtsinnigkeit im Denken"

Gruppen	Zeit	Mittelwert	Standardfehler
TVS Fuhlsbüttel	t_1	3,78	0,00
	t_2	4,70	0,33
	t_3	4,98	0,41
	t_4	5,11	0,42
TVS Billwerder	t_1	3,78	0,00
	t_2	3,51	0,60
	t_3	2,76	0,76
	t_4	3,60	0,77

Tabelle C.4a und Tabelle C.4b: Die Interpretation der Ergebnisse zur Skala „Angenehme Gefühle" verläuft umgekehrt analog zu denen der Skala von „Unangenehme Gefühle". Eine Verschlechterung der Skalenwerte, also erhöhter *Zweifel* an der eigenen Kompetenz, mit „Übermutsituationen" umgehen zu können (Lust auf Drogenkonsum, „... wenn [in meinem Leben] alles gut läuft ..."), wird über t_1-t_2 signifikant mit großer Effektstärke. Nach Augenschein ändern sich die Skalenwerte zwar wieder über die Zeit, werden aber nicht signifikant.

Tabelle C.4a
Längsschnitt-Resultate zur Skala „Angenehme Gefühle"

Effekt	Zeit	F	df	p	eta²
Zeit	t_1 zu t_2	9,14	1	**0,01**	**0,41**
Zeit	t_2 zu t_3	1,65	1	0,22	0,11
Zeit	t_3 zu t_4	0,01	1	0,95	0,00
Gruppe×Zeit	t_1 zu t_2	0,07	1	0,80	0,01
Gruppe×Zeit	t_2 zu t_3	0,41	1	0,53	0,03
Gruppe×Zeit	t_3 zu t_4	0,32	1	0,58	0,02

Anmerkungen. Baseline-adjustierte ANCOVA mit Messwiederholungen, jeweils n = 18.

Tabelle C.4b
Längsschnitt-Resultate zur Skala „Angenehme Gefühle"

Gruppen	Zeit	Mittelwert	Standardfehler
TVS Fuhlsbüttel	t_1	4,91	0,00
	t_2	4,82	0,26
	t_3	5,38	0,21
	t_4	5,32	0,30
TVS Billwerder	t_1	4,91	0,00
	t_2	4,69	0,47
	t_3	4,98	0,37
	t_4	4,66	0,52

▶ *Emotions-, Affekt- und Impulskontrolle*

Die „Skala zum Erleben von Emotionen" (SEE; Behr & Becker, 2004) wurde zur standardisierten Messung der Emotions- bzw. Impuls-/Affektregulation eingesetzt; sie gründet im Wesentlichen in der personenzentrierten Persönlichkeitstheorie.

In *Tabelle C.5a und Tabelle 5.b* zeigt sich im Durchschnitt für die Skala „Akzeptanz eigener Emotionen" ein signifikanter Haupteffekt von t_1 zu t_2, wobei sich die Werte der TVS Fuhlsbüttel zu bessern und die der TVS Billwerder zu verschlechtern scheinen; die Interaktion wird jedoch nicht signifikant. Inhaltlich soll hier (in konservativer Interpretation) insgesamt *keine* Änderung angenommen werden.

Tabelle C.5a
Längsschnitt-Resultate zur Skala „Akzeptanz eigener Emotionen"

Effekt	Zeit	F	df	p	eta²
Zeit	t_1 zu t_2	8,91	1	**0,01**	**0,36**
Zeit	t_2 zu t_3	1,18	1	0,29	0,07
Zeit	t_3 zu t_4	0,74	1	0,40	0,04
Gruppe×Zeit	t_1 zu t_2	0,23	1	0,64	0,01
Gruppe×Zeit	t_2 zu t_3	0,08	1	0,79	0,01
Gruppe×Zeit	t_3 zu t_4	0,01	1	0,94	0,00

Anmerkungen. Baseline-adjustierte ANCOVA mit Messwiederholungen, jeweils n = 18.

Anhang C

Tabelle C.5b
Längsschnitt-Resultate zur Skala „Akzeptanz eigener Emotionen"

Gruppen	Zeit	Mittelwert	Standardfehler
TVS Fuhlsbüttel	t_1	22,79	0,00
	t_2	23,10	1,21
	t_3	22,14	1,70
	t_4	22,75	1,17
TVS Billwerder	t_1	22,79	0,00
	t_2	22,11	1,61
	t_3	20,33	2,27
	t_4	20,71	1,57

Bei der Skala „Erleben von Emotionsüberflutung", dargestellt in *Tabelle C.6a und Tabelle C.6b*, bedeuten sinkende Werte inhaltliche Besserungen. Wie bei den Ergebnissen zur Skala „Akzeptanz eigener Emotionen" werden auch für die Werte zur Skala „Erleben von Emotionsüberflutung" in gleichfalls konservativer Interpretation angenommen, dass es im Durchschnitt der Fälle keine Änderungen gab.

Tabelle C.6a
Längsschnitt-Resultate zur Skala „Erleben von Emotionsüberflutung"

Effekt	Zeit	F	df	p	eta²
Zeit	t_1 zu t_2 [a]	4,20	1	0,06	0,21
Zeit	t_2 zu t_3	1,08	1	0,31	0,06
Zeit	t_3 zu t_4	2,51	1	0,13	0,14
Gruppe×Zeit	t_1 zu t_2	0,84	1	0,37	0,05
Gruppe×Zeit	t_2 zu t_3	0,26	1	0,61	0,02
Gruppe×Zeit	t_3 zu t_4 [a]	3,28	1	0,09	0,17

Anmerkungen. Baseline-adjustierte ANCOVA mit Messwiederholungen, jeweils n = 18;
[a] = marginal signifikant.

Tabelle C.6b
Längsschnitt-Resultate zur Skala „Erleben von Emotionsüberflutung"

Gruppen	Zeit	Mittelwert	Standardfehler
TVS Fuhlsbüttel	t_1	19,26	0,00
	t_2	18,02	1,75
	t_3	16,12	1,14
	t_4	18,69	1,49
TVS Billwerder	t_1	19,26	0,00
	t_2	20,67	2,29
	t_3	20,38	1,49
	t_4	18,66	1,96

Tabelle C.7a und Tabelle C.7b: Auch angesichts der Daten zur Skala „Erleben von Emotionsmangel", wo sinkenden Werten ebenfalls inhaltliche Besserungen entsprechen, wird nach den oben angewendeten Kriterien angenommen, dass es im Durchschnitt der Fälle keine Änderungen gab.

Tabelle C.7a
Längsschnitt-Resultate zur Skala „Erleben von Emotionsmangel"

Effekt	Zeit	F	df	p	eta^2
Zeit	t_1 zu t_2	9,17	1	**0,01**	**0,36**
Zeit	t_2 zu t_3	0,34	1	0,57	0,02
Zeit	t_3 zu t_4	0,55	1	0,47	0,03
Gruppe×Zeit	t_1 zu t_2	0,78	1	0,39	0,05
Gruppe×Zeit	t_2 zu t_3	0,08	1	0,79	0,01
Gruppe×Zeit	t_3 zu t_4[a]	3,32	1	0,09	0,17

Anmerkungen. Baseline-adjustierte ANCOVA mit Messwiederholungen, jeweils n = 18;
[a] = marginal signifikant.

Anhang C

Tabelle C.7b
Längsschnitt-Resultate zur Skala „Erleben von Emotionsmangel"

Gruppen	Zeit	Mittelwert	Standardfehler
TVS Fuhlsbüttel	t_1	13,73	0,00
	t_2	13,15	1,07
	t_3	12,49	0,68
	t_4	13,88	0,76
TVS Billwerder	t_1	13,73	0,00
	t_2	14,74	1,41
	t_3	14,60	0,90
	t_4	13,49	1,00

Tabelle C.8a und Tabelle C.8b: Auch im Bereich „Körperbezogene Symbolisierung von Emotionen" (Einbezug von Körpersignalen in Entscheidungsprozesse), wo steigende Werte inhaltliche Besserungen anzeigen, wird wie oben in konservativer Interpretation angenommen, dass es im Durchschnitt der Fälle keine Änderungen gab. Ein Blick auf die Standardfehler-Werte zeigt, dass die Kompetenz zur „Körperbezogenen Symbolisierung von Emotionen" bei den Insassen der TVS Billwerder heterogener ausgeprägt ist als bei den Insassen der TVS Fuhlsbüttel.

Tabelle C.8a
Längsschnitt-Resultate zur Skala „Körperbezogene Symbolisierung von Emotionen"

Effekt	Zeit	F	df	p	eta^2
Zeit	t_1 zu t_2 [a]	5,08	1	0,04	0,24
Zeit	t_2 zu t_3	0,00	1	0,99	0,00
Zeit	t_3 zu t_4	0,13	1	0,72	0,01
Gruppe×Zeit	t_1 zu t_2	1,77	1	0,20	0,10
Gruppe×Zeit	t_2 zu t_3	0,52	1	0,48	0,03
Gruppe×Zeit	t_3 zu t_4	1,84	1	0,19	0,10

Anmerkungen. Baseline-adjustierte ANCOVA mit Messwiederholungen, jeweils n = 18;
[a] = marginal signifikant.

Tabelle C.8b
Längsschnitt-Resultate zur Skala „Körperbezogene Symbolisierung von Emotionen"

Gruppen	Zeit	Mittelwert	Standardfehler
TVS Fuhlsbüttel	t_1	22,26	0,00
	t_2	22,80	1,65
	t_3	18,46	1,44
	t_4	20,73	1,62
TVS Billwerder	t_1	22,26	0,00
	t_2	22,49	2,18
	t_3	23,79	1,90
	t_4	22,45	2,13

Tabelle C.9a und Tabelle C.9b: Im Bereich „Imaginative Symbolisierung von Emotionen", wo steigende Werte inhaltliche Besserungen anzeigen würden, ist keinerlei signifikante Veränderung zu verzeichnen. Im Gruppendurchschnitt zeigen sich demnach keine Änderungen.

Tabelle C.9a
Längsschnitt-Resultate zur Skala „Imaginative Symbolisierung von Emotionen"

Effekt	Zeit	F	df	p	eta^2
Zeit	t_1 zu t_2	0,24	1	0,63	0,15
Zeit	t_2 zu t_3	1,65	1	0,22	0,09
Zeit	t_3 zu t_4	0,47	1	0,50	0,03
Gruppe×Zeit	t_1 zu t_2	0,74	1	0,40	0,04
Gruppe×Zeit	t_2 zu t_3	0,82	1	0,38	0,05
Gruppe×Zeit	t_3 zu t_4	0,77	1	0,39	0,05

Anmerkungen. Baseline-adjustierte ANCOVA mit Messwiederholungen, jeweils n = 18.

Anhang C

Tabelle C.9b
Längsschnitt-Resultate zur Skala „Imaginative Symbolisierung von Emotionen"

Gruppen	Zeit	Mittelwert	Standardfehler
TVS Fuhlsbüttel	t_1	15,05	0,00
	t_2	15,79	1,34
	t_3	14,34	1,52
	t_4	14,07	1,38
TVS Billwerder	t_1	15,05	0,00
	t_2	13,79	1,79
	t_3	15,13	2,04
	t_4	12,59	1,85

Tabelle C.10a und Tabelle C.10b: Im Bereich „Erleben von Emotionsregulation" indizieren steigende Werte inhaltliche Besserungen. Hier berichten die Insassen der TVS Billwerder und der TVS Fuhlsbüttel t_1-t_2 im Mittel signifikante Änderungen; da für t_1-t_2 keine signifikante Interaktion „Gruppe×Zeit" vorliegt, sind beide Gruppen in etwa gleich positiv betroffen. Gemäß der für t_3-t_4 signifikanten Interaktion „Gruppe×Zeit" bessern sich die Werte der Insassen der TVS Fuhlsbüttel zu t_4, während die der Insassen der TVS Billwerder sich zu t_4 verschlechtern.

Tabelle C.10a
Längsschnitt-Resultate zur Skala „Erleben von Emotionsregulation"

Effekt	Zeit	F	df	p	eta^2
Zeit	t_1 zu t_2	12,91	1	**0,00**	**0,45**
Zeit	t_2 zu t_3	0,32	1	0,58	0,02
Zeit	t_3 zu t_4	0,81	1	0,38	0,05
Gruppe×Zeit	t_1 zu t_2	0,42	1	0,53	0,03
Gruppe×Zeit	t_2 zu t_3	0,17	1	0,69	0,01
Gruppe×Zeit	t_3 zu t_4	6,80	1	**0,02**	**0,30**

Anmerkungen. Baseline-adjustierte ANCOVA mit Messwiederholungen, jeweils n = 18.

Tabelle C.10b
Längsschnitt-Resultate zur Skala „Erleben von Emotionsregulation"

Gruppen	Zeit	Mittelwert	Standardfehler
TVS Fuhlsbüttel	t_1	12,37	0,00
	t_2	12,81	0,61
	t_3	12,90	0,94
	t_4	13,98	0,79
TVS Billwerder	t_1	12,37	0,00
	t_2	13,46	0,80
	t_3	13,02	1,23
	t_4	11,03	1,04

Bei der Skala „Erleben von Selbstkontrolle" bedeuten steigende Werte inhaltliche Besserungen. Es ergibt sich – wie in *Tabelle C.11a und Tabelle C.11b* dargestellt – ein signifikanter Haupteffekt „Zeit" zu t_1-t_2 mit einer großen Effektstärke, wobei sich die Werte der TVS Fuhlsbüttel zu bessern und die der TVS Billwerder etwas zu verschlechtern scheinen (die Interaktion „Gruppe×Zeit" wird aber nur marginal signifikant). Die Gruppenunterschiede zu t_3-t_4 resultieren in einem wiederum marginal signifikanten Interaktionseffekt.

Tabelle C.11a
Längsschnitt-Resultate zur Skala „Erleben von Selbstkontrolle"

Effekt	Zeit	F	df	p	eta²
Zeit	t_1 zu t_2	23,91	1	**0,00**	**0,59**
Zeit	t_2 zu t_3	1,15	1	0,30	0,06
Zeit	t_3 zu t_4	2,21	1	0,16	0,12
Gruppe×Zeit	t_1 zu t_2 [a]	4,07	1	0,06	0,20
Gruppe×Zeit	t_2 zu t_3	0,04	1	0,85	0,02
Gruppe×Zeit	t_3 zu t_4 [a]	2,99	1	0,10	0,16

Anmerkungen. Baseline-adjustierte ANCOVA mit Messwiederholungen, jeweils n = 18;
[a] = marginal signifikant.

Anhang C

Tabelle C.11b
Längsschnitt-Resultate zur Skala „Erleben von Selbstkontrolle"

Gruppen	Zeit	Mittelwert	Standardfehler
TVS Fuhlsbüttel	t_1	20,79	0,00
	t_2	22,92	0,79
	t_3	22,99	1,07
	t_4	22,59	1,17
TVS Billwerder	t_1	20,79	0,00
	t_2	20,29	1,04
	t_3	20,02	1,41
	t_4	17,13	1,54

▸ *Psychische und physische Symptombelastung*

Die „Physische Symptombelastung" wurde über die Skala „Somatisierung" der SCL-90-R (Franke, 2002) und die „Psychische Symptombelastung" über die GSI-9 der Skala SCL-K-9 (Klaghofer & Brähler, 2001) gemessen. Auf beiden Skalen indizieren sinkende Werte einen Rückgang der Belastungen.

Laut *Tabelle C.12a* und *Tabelle C.12b* ergeben sich keinerlei signifikante Effekte für „Physische Symptombelastung (Somatisierung)", sodass die qua Inspektion augen-fälligen Besserungen (aber auch teilweisen Verschlechterungen) nicht gegen den Zufall abzusichern sind.

Tabelle C.12a
Längsschnitt-Resultate zur Skala „Physische Symptombelastung (Somatisierung)"

Effekt	Zeit	F	df	p	eta^2
Zeit	t_1 zu t_2	0,98	1	0,34	0,06
Zeit	t_2 zu t_3	2,03	1	0,17	0,11
Zeit	t_3 zu t_4	1,48	1	0,24	0,09
Gruppe×Zeit	t_1 zu t_2	1,15	1	0,30	0,07
Gruppe×Zeit	t_2 zu t_3	1,62	1	0,22	0,09
Gruppe×Zeit	t_3 zu t_4 [a]	3,24	1	0,09	0,17

Anmerkungen. Baseline-adjustierte ANCOVA mit Messwiederholungen, jeweils n = 18;
[a] = marginal signifikant.

Tabelle C.12b
Längsschnitt-Resultate zur Skala „Physische Symptombelastung (Somatisierung)"

Gruppen	Zeit	Mittelwert	Standardfehler
TVS Fuhlsbüttel	t_1	1,02	0,00
	t_2	0,72	0,15
	t_3	0,43	0,20
	t_4	0,62	0,12
TVS Billwerder	t_1	1,02	0,00
	t_2	0,40	0,22
	t_3	0,82	0,28
	t_4	0,34	0,17

Auch in *Tabelle C.13a und Tabelle C.13b* für „Psychische Symptombelastung" ergeben sich keinerlei signifikante Effekte, auch hier sind die augenfälligen Besserungen bzw. Verschlechterungen nicht gegen den Zufall abzusichern.

Tabelle C.13a
Längsschnitt-Resultate zur Skala „Psychische Symptombelastung"(GSI-9)

Effekt	Zeit	F	df	p	eta^2
Zeit	t_1 zu t_2	0,20	1	0,66	0,01
Zeit	t_2 zu t_3	1,41	1	0,25	0,08
Zeit	t_3 zu t_4	0,00	1	0,96	0,00
Gruppe×Zeit	t_1 zu t_2	0,71	1	0,41	0,04
Gruppe×Zeit	t_2 zu t_3	1,50	1	0,24	0,09
Gruppe×Zeit	t_3 zu t_4	0,26	1	0,62	0,02

Anmerkungen. Baseline-adjustierte ANCOVA mit Messwiederholungen, jeweils n = 18.

Anhang C

Tabelle C.13b
Längsschnitt-Resultate zur Skala „Psychische Symptombelastung" (GSI-9)

Gruppen	Zeit	Mittelwert	Standardfehler
TVS Fuhlsbüttel	t_1	1,36	0,00
	t_2	0,92	0,18
	t_3	0,71	0,21
	t_4	0,84	0,16
TVS Billwerder	t_1	1,36	0,00
	t_2	0,64	0,25
	t_3	1,04	0,29
	t_4	0,97	0,23

▶ *Zusammenfassende Interpretation*
Auf der Basis der nicht transformierten Skalenwerte der Fragebögen, die zu den Messzeitpunkten t_1-t_2-t_3-t_4 eingesetzt wurden, wurden 2-faktorielle ANCOVAs mit vier Messwiederholungen (2×4-Design „Gruppe×Zeit") durchgeführt. Die Berechnungen beruhen auf den Daten der n = 18 Studienteilnehmer, deren Fragebogendaten zu allen vier Messzeitpunkten vorliegen. Die Fragebögen sind:

- die „Heidelberger Skalen zur Abstinenzzuversicht" (HEISA-16; Körkel, Schindler & Hannig, 2003)
- die „Skala zum Erleben von Emotionen" (SEE) zur differenzierten Messung von Emotions- bzw. Impuls-/Affektregulation (Behr & Becker, 2004)
- die GSI-9 der „Symptom-Checklist-Kurzversion-9" (SCL-K-9; Klaghofer & Brähler, 2001) und die Skala „Somatisierung" der „Symptom-Checklist-90-R" (SCL-90-R; Franke, 2002)

Die Standardfehler in den Daten der Studienteilnehmer der TVS Billwerder erweisen sich allgemein als höher als diejenigen der TVS Fuhlsbüttel, was dafür spricht, dass der erlebte Kompetenzzuwachs dort im Durchschnitt uneinheitlicher ausfällt. Zu t_2 war dies in der Gruppe der TVS Billwerder vor allem zu beobachten in den SEE-Skalen „Erleben von Emotionsüberflutung", „Erleben von Emotionsmangel" und „Körperbezogene Symbolisierung von Emotionen". Zu t_4 sind in der Gruppe „TVS Billwerder" größere Standardfehler zu beobachten in den HEISA-16-Skalen

„Unangenehme Gefühle" und „Leichtsinnigkeit im Denken" sowie in den SEE-Skalen „Erleben von Emotionsregulation" und „Erleben von Selbstkontrolle". Dies sind vor allem solche Skalen, die sich auf zentrale Aspekte des Erlebens von Personen mit dissozialen Persönlichkeitsstörungen beziehen (vgl. AWMF, 2008).

Die Studienteilnehmer der TVS Fuhlsbüttel profitieren auf allen vier Skalen des HEISA-16 mehr als die der TVS Billwerder: auf „Unangenehme Gefühlszustände", „Versuchung und Verlangen", „Leichtsinnigkeit im Denken" und auf „Angenehme Gefühle". Die Studienteilnehmer der TVS Fuhlsbüttel erleben also einen vergleichsweise deutlicheren Kompetenzzuwachs, mit Rückfallrisiko-Situationen umgehen zu können. Das gleiche gilt für die als gebessert erlebte Affektkontrolle, wo die Studienteilnehmer der TVS Fuhlsbüttel auf vier der sieben SEE-Skalen – „Akzeptanz eigener Emotionen", „Erleben von Emotionsmangel", „Erleben von Emotionsregulation" und „Erleben von Selbstkontrolle" – relativ bessere Werte aufweisen.

In den hier berichteten ANCOVA-Resultaten scheinen sich die gleichen Einflüsse niederzuschlagen, wie sie zu den Unterschieden zwischen den Ergebnissen der TVS Fuhlsbüttel und der TVS Billwerder geführt haben dürften: Die Ergebnisse der TVS Billwerder beruhen auf erstmalig und ohne eigentliche Pilotphase durchgeführten Interventionen (vgl. im Diskussionsteil Abschnitt 5.11 „Limitationen der Studie" den Unterabschnitt „Zum Vergleich TVS Billwerder und TVS Fuhlsbüttel"). Unterschiede in den Gruppenwerten zu t_1 scheiden als Erklärungsansatz aus, da die anfänglichen Unterschiede gerade durch die Baseline-Adjustierungen neutralisiert worden waren.

▶ *Limitationen*

Wie auch im Methodenteil dargelegt, ergänzen die Resultate von Anhang C die im Hauptteil vorgenommen Längsschnittvergleiche t_1-t_2 und die Querschnittvergleiche über die vier Messzeitpunkte, um eine genuin längsschnittliche Betrachtungsweise. Dabei schien eine ITT-Analyse nicht angemessen, weil auch durch „Multiple Imputation" eine Missing-data-Quote von 30,8% (für t_4) nicht ausgeglichen werden kann. Wenn sich einzelne Befunde dieses Anhangs von einigen Ergebnissen im Hauptteil unterscheiden, bedeutet dies keinen Widerspruch in sich. Denn es sind keine gleichen Resultate zu erwarten, wenn pro Analyse jeweils ein unterschiedlicher Stichprobenumfang vorliegt (hier n = 18 statt n = 24).

Die Ergebnisse von Anhang C zeigen außerdem einmal mehr die Notwendigkeit, auch individuelle Outcome-Parameter zu verwenden, wie es in diesem Bericht mit den RCIs getan wurde. Die beobachteten zum Teil hohen Standardfehler implizieren, dass es hoch positive wie hoch negative Änderungen über die Zeit gegeben haben muss, was sich in Gruppendurchschnittswerten nicht adäquat abbilden lässt.

Zu den Herausgebern

Herr Dr. phil. Dipl.-Psych. Peter-Michael Sack (geb. 1954) arbeitet seit 1997 als Wissenschaftlicher Mitarbeiter am Universitätsklinikum Hamburg-Eppendorf, seit 2006 im „Deutschen Zentrum für Suchtfragen des Kindes- und Jugendalters (DZSKJ)". Sein Forschungsinteresse umfasst die Bereiche Evaluationsforschung und Mixed Methods Research.

Herr Professor Dr. med. Rainer Thomasius (geb. 1957) ist Ärztlicher Leiter des im Jahre 2006 gegründeten Deutschen Zentrums für Suchtfragen des Kindes- und Jugendalters (DZSKJ) am Universitätsklinikum Hamburg-Eppendorf sowie des im gleichen Jahr eingerichteten Arbeitsbereichs Suchtstörungen der Klinik und Poliklinik für Kinder- und Jugendpsychiatrie, -psychotherapie und -psychosomatik des Zentrums für Psychosoziale Medizin am Universitätsklinikum Hamburg-Eppendorf. Sein derzeitiger Arbeitsbereich umfasst die seit 1999 bestehende Drogen- und Alkohol-Ambulanz für Jugendliche, junge Erwachsene und deren Familien (DAA), die im Dezember 2008 in Betrieb genommene Jugend-Suchtstation sowie die Tagesklinik zur teilstationären Behandlung von Kindern und Jugendlichen mit im Vordergrund stehendem problematischem Drogen- und Alkoholkonsum und weiteren stoffgebundenen Abhängigkeitserkrankungen, aber auch der stoffungebundenen Verhaltenssüchte wie dem sogenannten „pathologischen Internetgebrauch". Sein klinischer Arbeitsschwerpunkt liegt im Bereich Suchttherapie und Suchtmedizin bei Kindern, Jugendlichen und jungen Erwachsenen, der Fokus seines Forschungsschwerpunktes liegt im Bereich der Jugenddrogen, Komorbiditätsforschung, Therapieforschung und Präventionsforschung.

Centaurus Buchtipp

Bernd Wischka, Wilhelm Pecher, Hilde van den Boogaart (Hrsg.)

Behandlung von Straftätern

Sozialtherapie, Maßregelvollzug, Sicherungsverwahrung

Studien und Materialien zum Straf- und Maßregelvollzug, Bd. 26, 2012,
ca. 500 S., ISBN 978-3-86226-140-6
€ 38,80

Der Sammelband verfolgt das Ziel, Praktiker in den sozialtherapeutischen Einrichtungen des Justizvollzugs und des Maßregelvollzugs über Standards bei der Behandlung von Straftätern und über Ergebnisse aus der Behandlungsforschung zu informieren. Dabei bilden die gerade im Zusammenhang mit "Psychopathy" und Persönlichkeitsstörungen diskutierten Schwierigkeiten in Diagnostik, Prognostik und Therapie besonders rückfallgefährdeter Straftäter einen Schwerpunkt. Mehrere Beiträge gehen auf das besonders in diesen Gefangenengruppen vorhandene Problem der Motivierung für therapeutische Veränderungen ein. Darüber hinaus werden neuere Erkenntnisse aus der Neurobiologe berichtet. Die in dem Band vereinten Erkenntnisse werden auch von Bedeutung sein für die konzeptionelle Neuausrichtung einer behandlungsorientierten Unterbringung von Sicherungsverwahrten auf der Basis des Urteils des Bundesverfassungsgerichts vom Mai 2011.

Die Autoren stammen aus der Praxis, der kriminologischen Forschung und der Behandlungsforschung. Renommierte Fachleute aus dem angloamerikanischen Raum kommen ebenfalls zu Wort.

www.centaurus-verlag.de

Centaurus Buchtipps

Anja Sophie Meyer
Das Jugendstrafrecht in Deutschland
Eine Betrachtung der Angemessenheit bestehender und der Notwendigkeit neuer Reaktionsweisen auf straffälliges Verhalten Jugendlicher
2012, ca. 300 S., ISBN 978-386226-139-0, € **27,80**

Oğuzhan Yazici
Jung, männlich, türkisch – gewalttätig?
Eine Studie über gewalttätige Männlichkeitsinszenierungen türkischstämmiger Jugendlicher im Kontext von Ausgrenzung und Kriminalisierung
Schriften zum Jugendrecht und zur Jugend-Kriminologie, Bd. 8, 2011, 210 S.,
ISBN 978-3-86226-040-9, € **22,80**

»Ein lebensnahes, gut lesbares und eindringliches Buch, das wir allen interessierten Personen mit Nachdruck empfehlen möchten.«
Ahmet Toprak/Nilüfer Keskin. Rezension vom 20.06.2011, in: socialnet Rezensionen, ISSN 2190-9245, http://www.socialnet.de/rezensionen/11006.php.

Konrad von Oefele
Forensische Psychiatrie
Lehrbuch für die klinische und gutachtliche Praxis
Reihe Psychologie, Bd. 41, 2011, 160 S.,
ISBN978-3-86226-011-9, € **19,80**

»*Konrad von Oefele* gibt mit dem vorliegenden Lehrbuch eine fundierte und praktikable Anleitung für alle die noch am Anfang ihrer Tätigkeit als GutachterIn im Bereich der Forensischen Psychiatrie stehen bzw. vorhaben, diese in Zukunft auszuüben. «
Melanie Hohlbach, M.A.. Rezension vom 16.11.201, in: socialnet Rezensionen, ISSN 2190-9245, http://www.socialnet.de/rezensionen/10931.php.

Siegfried Fritzsche, Wolfgang Möller
Kein Zug nach Nirgendwo
Ist unstillbares Verlangen überwindbar?
Reihe Psychologie, 6. überarb. Aufl. 2010, 272 S.,
ISBN 978-3-8255-0606-1, € **15,90**

»Für Laien, die sich einen ersten Einblick in die Grundmuster und Symptome einer „Suchtkrankheit" sowie in Ideen, Konzepte und Hilfesysteme zu deren Behandlung erarbeiten wollen, bietet dieses Buch interessante Informationen an und kann damit zu einem Einstieg in einen Auseinandersetzungsprozess mit diesem Thema werden. «
Gundula Barsch. Rezension vom 23.12.2010, in: socialnet Rezensionen, ISSN 2190-9245, http://www.socialnet.de/rezensionen/10562.php.

Karlhans Liebl
Insolvenzkriminalität und Strafverfolgung
Beiträge zur rechtssoziologischen Forschung. Bd. 14, 2011, 252 S.,
ISBN 978-3-86226-026-3, € **24,80**

Informationen und weitere Titel unter **www.centaurus-verlag.de**

MIX
Papier aus verantwortungsvollen Quellen
Paper from responsible sources
FSC® C105338
www.fsc.org

If you have any concerns about our products,
you can contact us on
ProductSafety@springernature.com

In case Publisher is established outside the EU,
the EU authorized representative is:
**Springer Nature Customer Service Center GmbH
Europaplatz 3, 69115 Heidelberg, Germany**

Printed by Libri Plureos GmbH
in Hamburg, Germany